「やりたくなる」を生み出す
ゲーミフィケーションの進化

ゲームフル
デザイン

GAMEFUL
DESIGN

伊藤真人 著

本書内容に関するお問い合わせについて

このたびは翔泳社の書籍をお買い上げいただき、誠にありがとうございます。弊社では、読者の皆様からのお問い合わせに適切に対応させていただくため、以下のガイドラインへのご協力をお願いしております。下記項目をお読みいただき、手順に従ってお問い合わせください。

● お問い合わせされる前に

弊社Webサイトの「正誤表」をご参照ください。これまでに判明した正誤や追加情報を掲載しています。

正誤表
https://www.shoeisha.co.jp/book/errata/

● お問い合わせ方法

弊社Webサイトの「書籍に関するお問い合わせ」をご利用ください。

書籍に関するお問い合わせ
https://www.shoeisha.co.jp/book/qa/

インターネットをご利用でない場合は、FAXまたは郵便にて、下記"(株)翔泳社 愛読者サービスセンター"までお問い合わせください。
電話でのお問い合わせは、お受けしておりません。

● 回答について

回答は、お問い合わせいただいた手段によってご返事申し上げます。お問い合わせの内容によっては、回答に数日ないしはそれ以上の期間を要する場合があります。

● お問い合わせに際してのご注意

本書の対象を超えるもの、記述個所を特定されないもの、また読者固有の環境に起因するお問い合わせ等にはお答えできませんので、予めご了承ください。

● 郵便物送付先およびFAX番号

　送付先住所　〒160-0006　東京都新宿区舟町5
　FAX番号　　03-5362-3818
　宛先　　　　(株)翔泳社 愛読者サービスセンター

※本書に記載されたURL等は予告なく変更される場合があります。
※本書の出版にあたっては正確な記述につとめていますが、著者および株式会社翔泳社のいずれも、本書の内容に対してなんらかの保証をするものではなく、内容やサンプルに基づくいかなる運用結果に関してもいっさいの責任を負いません。
※本書に記載されている会社名、製品名はそれぞれ各社の商標および登録商標です。

はじめに

　誰もが一度はゲームの魔法にかけられた経験があるはずです。ゲームは、私たちを別の世界に引き込み、時間を忘れさせ、自己を超える挑戦を提供します。しかし、この魔法はゲームの世界に限定されているわけではありません。これが、私たちが「ゲームフルデザイン」と呼ぶ概念の出発点です。

　ゲームフルデザインとは、ゲームの要素とゲームデザインの技術をゲーム以外の分野に応用することです。これにより、ユーザーエンゲージメントの向上、行動変容の促進、学習体験の強化など、さまざまな目的が達成できます。ゲームの力を活用することで、私たちは新しい視点から問題を解決し、新しい価値を創造することができます。

　本書では、このゲームデザインの技術をゲーム以外の分野に応用していく考え方を解説します。基本的な概念から、「ゲーミフィケーション」から「ゲームフルデザイン」への時代の要請による変遷、その設計と実装、さらには成功事例まで、幅広く解説していきます。マーケティング担当者、教育者、製品開発者など、ゲームの力を活用して自分の分野を革新したいと考えている全ての方々に、この本が有益な情報とインスピレーションを提供できれば幸いです。

　まず、ゲームと「ゲームフルデザイン」は似ているようで異なる概念であることを理解することが重要です。ゲームはエンタテインメントの一形態であり、「ゲームフルデザイン」はゲームの要素を他の分野に応用する手法であるという違いを強調します。この違いを理解することで、「ゲームフルデザイン」の可能性を最大限に引き出すことができます。

　それでは、ゲームの世界から学び、現実の世界を豊かにする（＝ゲームフルにする）旅に一緒に出かけましょう。

　　※本書では「ゲームフルデザイン」の概念理解のためにさまざまな専門的な学問で研究されている内容の引用を含みます。しかし本書は実務的な活用に重きをおくため、実務的解釈を優先し学術的には厳密ではない部分が含まれることをあらかじめご容赦ください。

伊藤真人

CONTENTS

はじめに ———————————————————— 3

① 正しいだけでは解決できない 課題にあふれる現代社会 ———————— 9

① 求められる思考法の変化 ——————— 10

高い不確実性 ——————————————— 10

情報通信サービスから
エンタテインメントへ ———————————— 11

フローからストックへ ———————————— 12

「使いやすい」から「使いたくなる」へ ——— 14

WHAT から WHY へ ——————————— 15

② 複雑化した社会に求められる 人間理解 ————————————— 17

提唱されてきた人間理解のアプローチ ——— 17

人間の本質的な欲求を理解する ——————— 18

COLUMN 体験設計の切り札
「ゲーミフィケーションカード」 —————— 24

② 人間の行動に着目し課題を解決する 行動中心設計のアプローチ —— 25

① モノを通じた課題解決から 行動変容による課題解決へ —— 26

デジタルによる
課題解決アプローチ（DX） —— 26

DXを推し進めていく中でぶつかる壁 —— 27

壁を打ち破るキーワード
「ビヘイビアデザイン」 —— 29

ビヘイビアデザインを通じた
課題解決アプローチ —— 31

② 無意識な瞬間UX —— 36

8つの「ついやってしまう」要素 —— 36

「ついやってしまう」の作り方 —— 45

③ 意識的な瞬間UX —— 48

5つの「ついやりたくなる」要素 —— 48

「ついやりたくなる」活用事例 —— 52

「ついやりたくなる」の作り方 —— 56

③ 「ついやり続けたくなる」体験を 生み出す習慣UX —————— 61

① 従来型のゲーミフィケーションの活用手法 —— 62

ゲーミフィケーションの登場 ————————— 62

ゲーミフィケーション活用の成功事例 ————— 63

② 本質的なゲーミフィケーションの活用 ＝ゲームフルデザイン ———————————— 68

ゲームの定義 ———————————————— 68

なぜゲームはやりたくなるのか ———————— 70

幸福度を高めるゲームフルデザインの可能性 — 72

欲求分類の考え方 ————————————— 75

達成欲求へのアプローチ —————————— 76

求知欲求へのアプローチ —————————— 85

獲得欲求へのアプローチ —————————— 94

有能欲求へのアプローチ —————————— 102

感性欲求へのアプローチ —————————— 110

保存欲求へのアプローチ —————————— 115

自律欲求へのアプローチ —————————— 123

関係欲求へのアプローチ —————————— 134

回避欲求へのアプローチ —————————— 146

COLUMN マレーの欲求 ————————————— 157

③ ゲームフルデザインを使いこなす、 ゲームフルデザインボード ————————— 159

COLUMN ゲーミフィケーションカードと ゲームフルデザインボード ————————— 162

4 ゲームフルデザインの社会実装 — 163

① WHY：
なぜ課題解決アプローチを行うのか — 164
- 登場人物 — 164
- AS-IS と TO-BE
  現状の把握とあるべき姿 — 166
- 課題定義の考え方 — 170

② WHAT：
課題解決のために何をするのか — 172
- 課題解決のコアアイデア — 172
- 手法① 原体験アナロジー — 173
- 手法② ランダムフラッシュ — 184

③ HOW：
どう課題解決をするのか — 188
- 解決アプローチの特性評価 — 188
- コアUXと瞬間UXの定義 — 190
- コアUXと習慣UXの定義 — 194
- 再訪の仕掛け — 198

④ ゲームフルデザインの
設計手法まとめ — 206

⑤ ケーススタディ ——————————— 209

① エンタメ型防災訓練　THE SHELTER —— 210

背景 ————————————————— 210

WHY ————————————————— 211

WHAT ———————————————— 214

HOW ————————————————— 217

結果 ————————————————— 220

参考（習慣UXで考えてみた場合）————— 221

② 英語学習リズムゲーム　Risdom ——— 227

背景 ————————————————— 227

WHY ————————————————— 230

WHAT ———————————————— 234

HOW ————————————————— 235

結果 ————————————————— 243

おわりに ——————————————— 245

正しいだけでは解決できない
課題にあふれる現代社会

　まず1章では、私たちが置かれている社会の変化を理解することから始めます。社会の変化を理解することで、今あらゆるビジネスパーソンに求められる思考の変化を理解していきます。効率や合理性の追求を通じた経済発展とは全く異なる潮流の変化は、非常になだらかではありつつも確実に起こっています。

　そして、その複雑化した社会において課題を解決していくためには、人間の感情や行動を捉える、本質的な人間理解が求められます。本章では、人間理解のアプローチを「欲求」の観点から理解していきます。

① ① 求められる思考法の変化

高い不確実性

　私たちが生きている現代社会は、高度な不確実性を孕んでいます。新型コロナウイルスのような世界的なパンデミック、経済の変動、技術の急速な進歩、これらは全て予測不可能な変化をもたらし、私たちの働き方を根本から揺るがしています。

　このような現代社会を示す言葉として、元々1990年代後半に軍事用語として使われ始めたVUCAという言葉が2010年代に入りビジネス界においても急速に使われるようになりました。VUCAとは、Volatility（変動性）、Uncertainty（不確実性）、Complexity（複雑性）、Ambiguity（曖昧性）の頭文字をとった言葉です。

- Volatility（変動性）：経済や社会状況が急速に変化することを指す。例えば、テクノロジーの進化や新型コロナウイルスのような世界的なパンデミックなどがこれに該当する。
- Uncertainty（不確実性）：未来の予測が困難であることを指す。経済の変動や新型コロナウイルスの影響など、予測不能な変化が起こる現代社会はまさにこの状態にある。
- Complexity（複雑性）：事象が多様化し、それらが複雑に絡み合っている状態を指す。グローバル化による経済活動の複雑化や、テクノロジーの進化による産業構造の変化などがこれに該当する。
- Ambiguity（曖昧性）：事象の意味が一義的でなく、解釈の余地がある状態を指す。これまでの常識が通じない状況や、問題に対する絶対的な答えがない状況がこれに該当する。

現代社会において、企業や個人は、未来を予測し、適切な対策を講じることが求められます。しかし、未来を予測することは困難であり、一企業、一個人がそれを把握することはほとんど不可能と言えるでしょう。

　しかし、「不確実だから考えても仕方ない」と思考停止するのではなく、不確実であることを前提とした上で「どのくらいの幅で物事を考えていくか」が重要となります。また、企業はVUCAの時代だからこそ、守りに入らずに、挑戦をするべきであり、変化の兆しをいち早く「察知」し、進むべき方向への道筋を「見出」し、自社の資源をすばやく「適応」していく必要があります。

　ここで、ゲームデザインの考え方が発揮されます。ゲームは、不確実性を楽しみ、挑戦を通じて新たな可能性を探求するためのフレームワークを提供します。ゲームの中では、プレイヤーは常に新しい課題に直面し、それを解決するための戦略を練ります。このゲームの特性は、不確実性の高い現実世界においても有効だと考えることができます。

　ゲームデザインの考え方は、不確実性を前提とした上で「どのくらいの幅で物事を考えていくか」を教えてくれます。また、ゲームのように、不確実性を楽しみながら、新たな可能性を探求することを促します。これにより、私たちはVUCAの時代を生き抜くための新たな視点とスキルを獲得することができます。

情報通信サービスからエンタテインメントへ

　高い不確実性を孕む現代社会の中で求められる考え方の変化に続いて、技術変化に伴う思考の変化について説明していきます。

　現代のインターネットサービスは1960年代のパケット通信の研究を基礎に発展してきました。1990年代には商用利用が広がり、そこから加速度的に普及し世界のインフラとなりました[*1]。

　インターネットサービスは物理的な距離を取り除き、世の中をより効率的に、便利な社会へと進化させてきました。

また、インターネットサービスが生まれる前はアナログなテレビ、新聞などの限られた情報しか得られなかった時代でしたが、誰もが情報を発信し誰もがあらゆる情報にアクセスできる情報爆発時代[2]へと変化しています。

　当時は発信されている情報が全てであるという前提のもと、購買行動などの意思決定がなされており、安いものが売れる、便利なものが売れるなど、良いものを安く作ってアナログな媒体で告知をすれば一定数ものが売れる時代でした。

　ところが、情報爆発時代の現代では、個人によって情報のインプット量や質が異なり、正確な情報を全て集めて購買行動の意思決定を行う、ということが当たり前ではなくなりました。安さや利便性などの機能的な側面だけではなく、個々人の感覚に依存する「好き」などの情緒的な側面が購買行動の意思決定に対して大きなウエイトを持つようになりました。

　ほとんどの産業が、インターネットサービスの進化による情報爆発時代に合わせ、商品企画やマーケティングの手法を調整する必要がある一方で、エンタテインメント産業は、そもそも情緒的価値提供を通じて発展してきた産業であるため、その歴史や、もの作りの考え方は現代社会において大いに参考になります。

＊1　参考：総務省HP　https://www.soumu.go.jp/hakusho-kids/life/what/what_12.html
＊2　IT（インフォメーションテクノロジー）の進化とともに、人類の創出する情報量が爆発的に増大している社会を指します。

フローからストックへ

　利便性などの機能的価値（インターネットサービス）から、個々人の感覚に依存する情緒的価値（エンタテインメント）への変化に続いて、購買行動の時間軸について説明していきます。

　前項の通り、情報量が限られた社会の中では、誰もが同じ情報源から同じ情報を得ることができました。すなわち、都度広告などに触れ、必

要だと感じたときに購入する、という行動が当たり前でした。限られた情報源の選択肢の中から対象を選択して広告を掲載することで生活者の方に対して認知から購買までを促すことができました。企業活動の中で重要な取り組みが「何を売るのか」「どこで情報を掲載するか」「どのように伝えるか」の3点に限られていました。

　情報爆発時代ではどうでしょうか。前提として、情報の掲載場所はそれこそ無限にあります。マスメディアに限らずインターネットメディア、ひいてはソーシャルネットワークサービスなど選択肢は多岐にわたります。そして、特定の掲載場所に掲載すればほとんどの方に情報を届けられる時代とは異なり、生活者によって情報を得る場所は分散しています。「何を売るのか」「どのように伝えるか」といった取り組みは変わらず今も重要でありつつも、「どこで情報を掲載するか」については極めて困難な選択を迫られることになります。大量の資本を投下し多くの掲載場所で情報を発信するか、対象の方が閲覧する掲載場所に絞って情報を発信するかの選択に迫られます。情報爆発時代では、とにかく新規の顧客開拓が困難になっています。

　その中で求められているのは、新規顧客をいかに獲得するか、だけではなく、一度購入いただいた既存顧客の方に再度購入していただくという考え方です[*]。

　財務的な考え方で例えると、広告宣伝費は基本的に新規顧客獲得のためでPL（損益計算書）で費用として計上されます。一方で、情報爆発の時代を踏まえると、自社の既存顧客は今後将来的に収益を生み出しうる（再度購入しうる）価値を有しており、本来的にはBS（貸借対照表）で資産として計上すべきとも考えられます。これを私は「フロー」から「ストック」へと表現しています。

　新規の顧客獲得に追われる「フロー」の考え方から、既存の顧客にファンになっていただき再度ご購入いただく「ストック」の考え方へのシフトが重要です。

　　[*] 新規顧客の獲得は既存顧客の再販と比較し5倍のコストがかかるというマーケティングの法則もあり、既存顧客への再販の重要性は一層高まっています。

「使いやすい」から「使いたくなる」へ

　前項では、新規顧客の獲得から既存顧客ファン化へのシフトの重要性について説明しました。本項からは、どうすれば既存顧客の方にファンになってもらえるのかという観点から、考え方の変化の必要性を説明していきます。

　情報量が限られた社会の中では、あらゆる情報を収集して比較検討が容易でした。そのため、購買の決め手となるのは、わかりやすい優位性でした。

　例えば「同じスペックであれば安いほうを買う」「より高機能なものを買う」など、わかりやすい機能やスペック差が購買の決め手になっていました。そのため各企業はより高性能なもの、より安いものの提供に集中してきました。そしてこのスペック・コスト至上主義とも言える時代を経て、各企業が技術開発、商品開発を行うことで、スペックやコストが平準化されていきます。結果的にスペックやコストが横並びとなり、顧客の購買の決め手は利便性にシフトしていきます。スペックやコストが同じ程度であればより「使いやすさ」を重視するようになります。スペックは十分ではあるものの使いにくいものは選ばれないという、ユーザビリティ至上主義とも言える時代が到来します。そして各企業は「使いやすくする」手法を試行錯誤していき、アカデミックな領域においてもユーザビリティの研究が進みました。ビジネスシーンにおいても「使いやすさ」の重要性が広く叫ばれるようになり、UI（ユーザーインターフェース）UX（ユーザーエクスペリエンス）[*]という言葉が広く使われるようになりました。元々は競争優位性を確立するために各企業が取り組んでいきました。しかし結果として「使いやすさ」も平準化され差別化要因とはならず、むしろ「使いやすい」ことが当たり前で「使いにくい」ものは淘汰される時代にシフトしていきます。

　ここが現代社会の現在位置で、各企業は「機能」「価格」「利便性」では差別化ができず新たな価値創出に追われることになります。

14　① 正しいだけでは解決できない課題にあふれる現代社会

より本質的な人間の需要に着目した商品開発など、技術的には新しくなくても「状況」を切り取ることで新たな価値を生み出すことにチャレンジしていきます。つまり特定の状況において「使いたくなる」ことを重視した時代にシフトします。

例えば、単一の機能をとにかく尖らせた商品（炊飯器など）や従来のターゲットではない顧客へのアプローチ（ノンアルコール飲料など）などが挙げられます。

「機能」や「利便性」と異なり、状況の切り取り方は無数にあり平準化されにくい領域である以上、当面はこの「使いたくなる」ことが重視される時代は続くと考えられます。

★ 「UX」という概念が初めて明確化され言及されたのは、1990年に刊行された著書『誰のためのデザイン？—認知科学者のデザイン原論』（D. A. ノーマン著　新曜社刊）

WHATからWHYへ

企業活動において「何を売るのか」「どこで情報を掲載するか」「どのように伝えるか」が原則の中で、既存顧客の資産化や、「使いたくなる」の重要性についてここまで説明してきました。

最後に、大きな時代の変化を説明していきます。

企業活動の3つの原則にもう1つ大きな原則を追加する必要性が出てきています。情報爆発時代において、全ての情報に触れることができない中で顧客は行動の意思決定を行っていきます。その時代において情緒的価値が重要であることは説明した通りです。この情緒的価値を考えていく上で「共感」は大きなテーマとなります。何（WHAT）を提供しているかよりもなぜ（WHY）それを提供しているのか、その理由に共感する（情緒的価値が提供される）からこそ、顧客は行動をするという時代に変遷しています。このように、企業がなぜ活動をするのか、企業は何のために社会に存在しているのかを、私は「大義」と表現しています[*]。

情緒的価値を提供することが求められる情報爆発時代において、この

考え方は非常に重要です。

	これまで		これから
提供価値	機能的価値	⟶	情緒的価値
ベンチマーク	インターネットサービス	⟶	エンタテインメント
顧客の捉え方	フロー(新規顧客獲得重視)	⟶	ストック(既存顧客ファン化重視)
体験	「使いやすい」	⟶	「使いたくなる」
企業活動	WHAT(何を提供するか)	⟶	WHY(なぜ社会に存在するのか)

＊ 日本企業は歴史的に、企業理念・ミッション・行動規範を定めることが多く、これは一義的には社内向けに策定されるものです。一方で海外ではパーパス・重要課題・長期ビジョンという対外的な情報発信を念頭に置いたものが策定・発信されるケースが多くなります。昨今、グローバルなステークホルダーの理解を深めていくために社会的な存在意義という観点でのパーパスという言葉が日本企業でも用いられるケースが増えています。一方で企業がパーパスの設定を目的化・形式的取り組みにしてしまうという懸念もあり、本質的な「なぜ存在意義を設定するのか」というWHYの視点が必要です。

1-2 複雑化した社会に求められる人間理解

提唱されてきた人間理解のアプローチ

　前節で、情報爆発時代におけるさまざまな変化を説明しました。合理性や利便性のような「使いやすい」体験から「使いたくなる」体験が求められる時代において、人間の感情や行動を理解することは非常に有用です。本節では、その人間理解のアプローチについて説明します。

　長い人類史の中で、多くの先人たちが人間の本質理解を目指してきました。現代では人間の知識や思考、認識などの情報処理を研究する認知科学、人間の社会的、文化的側面を研究する人文社会科学など、アプローチによって専門性が多岐にわたっていますが、共通することは、人間の本質理解の追求です。現代社会で生きる人々の欲求や価値観がどのように形成されるかを理解することで、複雑化した社会においてどのように「人の感情が動くか」「行動したくなるか」の示唆を得ることができます。

　人間の欲求や価値観を形成する主要な要素として以下が挙げられます。

- 個々の経験：個々人の持つ経験は、その人々の欲求や価値観に大きく影響する。これには育った環境、教育、仕事、友人や家族との関係などが含まれる。
- 社会的影響：社会的な要素、例えば文化、宗教、政治体制なども、人々の欲求や価値観を形成する重要な役割を果たす。
- 時代背景　：時代の流れや社会的な変化も、人々の欲求や価値観に影響を与える。例えば、前述の通り情報爆発時代に伴い新たな価値観や欲求が生まれ、古いものが変化することがある。

- 心理的欲求：心理学者ヘンリー・マレーが提唱した欲求理論によれば、人間は基本的な欲求を持っており、これらの欲求が人々の行動や価値観を形成する一因となる。

　これらの要素は相互に関連し合い、複雑な相互作用を通じて人々の欲求や価値観を形成します。人々がそれぞれ持つ独自の経験や背景により欲求や価値観は個々に異なり、多様性を持つことになります。
　ゲームをはじめとするエンタテインメントは、これらの形成された欲求や価値観から「やりたくなる」という心理変容・行動変容を実現しています。「ゲームフルデザイン」を考えていく中で、この「やりたくなる」考え方は非常に重要です。さまざまな学問で人間理解のアプローチがなされていますが、本書では「ゲームフルデザイン」の社会実装に向けて、これらの人間理解をよりわかりやすく、欲求を起点に定義していきます。

人間の本質的な欲求を理解する

　ゲームをはじめとするエンタテインメントは人を惹きつける「やりたくなる」を実現しています。これらの設計思想の経験則をもとに人間の本質的な欲求を考えていきます。
　本書では、人間の欲求を理解していく上で、欲求を構成する因子として時間軸と取り巻く状況（環境軸）の2つの視点で整理していきます。
　まず1つ目は時間軸です。

- 過去：経験やこれまで構築してきた資産や関係性によって欲求が喚起される。
- 現在：目の前の現時点の内発・外発的情報によって欲求が喚起される。
- 未来：将来への希望や展望によって欲求が喚起される。

　2つ目は環境軸です。

- 主体：対象の人物そのものが持つ固有な感覚や感情によって欲求が喚起される。
- 状況：対象の人物を取り巻く状況や環境によって欲求が喚起される。
- 客体：対象物によって欲求が喚起される。

これらの軸を整理すると、3×3＝9つに分類されます。

この合計9つの欲求を定義していくことで「やりたくなる」体験の作り方の前提となる、人間理解を深めていきます。

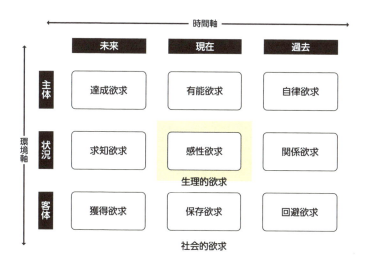

➕ 未来×主体：達成欲求

「達成欲求」は、進歩実感によって動機づけされる、自己の能力を最大限に発揮して困難な課題を達成したいという欲求を指します。人間の原理的な観点[*1]からこの欲求を考えると、個体が自己の生存と繁殖の成功を最大化するための戦略として理解できます。

やり方を知りたい、昨日より今日のほうが成長していると実感したい、やればやるほど蓄積されることでもっと集めたいなど、人間は前に進んでいる、困難な課題を解決できていると感じることで強い欲求が喚起さ

れます。

➕ 未来×状況：求知欲求

「求知欲求」は、偶然性と好奇心に動機づけされる、新しい知識を得たい、情報を知りたいという欲求を指します。人間の原理的な観点からこの欲求を考えると、環境に適応しながら生存していくために新たな知識が求められ、それを探求していった背景から理解できます。

何が起こるかわからないことを確かめたい、偶然性の高いものに挑戦したくなるなど、人間は、不確実なこと、不明なことに対して確かめたいという強い欲求が喚起されます。

➕ 未来×客体：獲得欲求

「獲得欲求」は、希少性に動機づけされる、物事を手に入れたいという欲求を指します。人間の原理的な観点からこの欲求を考えると、貴重なものは優先的に手に入れる必要があり、それを探求していった背景から理解できます。

対象としては、物質的なもの（例えばお金や物品）だけではなく、非物質的なもの（例えば、知識や情報、スキル、経験）も含まれます。

限定商品が欲しい、自分だけが特別な能力を持っていたいなど、人間は、希少性の高いものがあるときに、それを手に入れたいという強い欲求が喚起されます。

➕ 現在×主体：有能欲求

「有能欲求」は、自らの能力をもって創造性を発揮できていると実感したいという気持ちによって動機づけされる、自分自身の能力を認めたいという欲求を指します。人間の原理的な観点からこの欲求を考えると、環境に適応しながら生存をしていく中で、常に最適な方法を模索してき

た背景から理解できます。

　自分の能力を開発したい、有能さを発揮する活動に関わりたいなど、人間は、自分の能力とその証明に対して強い欲求が喚起されます。

現在×状況：感性欲求

　「感性欲求」は、非思考的な感覚で動機づけされる、快を感じたいという欲求を指します。他の8つの欲求が社会的な生き物としての人間の欲求であることに対し、感性欲求は生き物としての生理的、本能的な欲求です。

　自然界や社会の中で美しいと感じるものを探し、理解し、享受したいと感じたり、単純に快感を得たいと喚起されたりする人間特有の肉体的・感覚的な欲望です。

　気持ちがいい、美しいなど、人間は自身の感覚的な快楽を得られることに対して強い欲求が喚起されます。

現在×客体：保存欲求

　「保存欲求」は、愛着や一貫性欲求[*2]によって動機づけされる、現状を維持し続けたいという欲求を指します。人間の原理的な観点からこの欲求を考えると、外部環境の変化に備えた食料の確保や、安定している住環境を維持したいと模索してきた背景から理解できます。

　自分が作ったものを残しておきたい、継続的に接点を持ち続けたい、未完成なものを不協和に感じ完成させたいなど、人間は継続的に持ち続けること、一貫性を保つことに強い欲求が喚起されます。

過去×主体：自律欲求

　「自律欲求」は、物事を自分事化できると動機づけされる、自分自身が自分の行動を決定したいという欲求を指します。人間の原理的な観点

からこの欲求を考えると、環境の変化に適応しながら自身で生存の戦略を考えていった背景から理解できます。

他者から強制されず、あくまで自発的に自身の行動を決定したと感じることで、心理的な満足感が高まります。使命感を感じることや特別扱いをされることで、強い欲求が喚起されます。

➕ 過去×状況：関係欲求

「関係欲求」は、他者を意識することによって動機づけされる、社会的な生き物としての欲求を指します。人間の原理的な観点からこの欲求を考えると、種の保存・生存をしていく上で、自分ひとりでは実現ができず、他者との関わりを重視してきた背景から理解できます。

周りからよく見られたい、社会的に適応したいなど、社会や周囲が存在すること、存在を意識することを通じて強い欲求が喚起されます。

➕ 過去×客体：回避欲求

「回避欲求」は、損失を回避したいという気持ちによって動機づけされる損失回避欲求[3]を指します。人間の原理的な観点からこの欲求を考えると、種の保存・生存をしていく中で、生存を脅かす危険に対する回避は特に重要であった背景から理解できます。

人間は、自分が何かを得られることよりも、損失を被る機会を回避したいという欲求がより強く喚起されます。

[1] 本書では「人間の原理的な観点」を、命を維持する生存欲求、子孫を増やす生殖欲求の2点として定義しています。

[2] 一貫性の原理、一貫性の法則とも言われますが、人間の、個人が一貫した自己イメージを保とうとする心理的傾向を指します。一貫性が保たれないときに人間は不協和を感じ、解消しようという行動がなされることが多いと言われています。

[3] 人間は「得をすること」よりも「損をしないこと」を選んでしまうという心理的傾向を損失回避の法則といい、損をしたくないために行動したくなる欲求を、損失回避欲求と本書では表現しています。

本項では「やりたくなる」体験の作り方の前提として、人間の欲求を

9つに分類しました。

　大きくは、生理的欲求である感性欲求と、社会的欲求である8つの欲求の2種類に分類が可能です。ゲームをはじめとするエンタテインメントの経験則から整理した、これら人間の欲求理解を前提に、具体的に「やりたくなる」体験を考えていきます。

	達成欲求	有能欲求	自律欲求	
	前進や拡大変化を求める	自己有能感を求める	大義を求める	
求知欲求 ／ 発見やドキドキを求める	・自身を高めたい ・日々強くなっていきたい	・自身で戦い方を決めたい ・自身の強さを誇示したい	・悩みたくない ・不明なことを減らしたい	つながりを求める ／ 関係欲求
	・環境に適応しながら生存するための知識を得たい	生殖/生存欲求 感性欲求	・協力して生き残りたい ・安らぎたい ・守りたい/守られたい	
	・より強い遺伝子を残したい ・なかなか手に入らないものは体にいいものだから手に入れたい	・遺伝子を残したい ・食料等を手元に残しておきたい	・身の危険を回避したい	
	入手が困難なものを求める	所有/保存を求める	損の回避を求める	
	獲得欲求	保存欲求	回避欲求	

> **COLUMN** 体験設計の切り札「ゲーミフィケーションカード」

　ゲーミフィケーションのビジネスを展開する株式会社セガ エックスディーでは、ゲームの力を一人でも多くの方に活用していただきたいという願いから、ゲームフルデザインで定義する9つの欲求を刺激する101個の手法を、ビジネスシーンで実務的に活用するための『ゲーミフィケーションカード』を提供しています。

　ワクワクする体験を表現するために、自律欲求に基づく「世界観」の手法を採用し全てのカードイラストをゲーム風のデザインにしています。9つの欲求を9人のキャラクターに対応させ、直感的に理解・記憶しやすくしています。

　チームのブレーンストーミングや施策検討の会議の場で、みんなでワイワイ楽しみながら、ビジネスを次のステージに進めさせる、新しいアイデアを生み出すきっかけ作りとなることを意図しています。

https://segaxd.co.jp/knowledge/5042e
057980840f1ddbb48ff6fd0195e69d91400.html

人間の行動に着目し課題を解決する
行動中心設計のアプローチ

　現実の世界を豊かにする（＝ゲームフルにする）手法を考えていく上で前章では、人間理解が重要になった現代の社会背景と、人間の本質理解をしていくために必要な欲求を9つに分類して解説しました。
　人間の「やりたくなる」行動を喚起する欲求を理解した上で、本章では行動を喚起する手法を体系的に学んでいきます。

② ① モノを通じた課題解決から 行動変容による課題解決へ

デジタルによる課題解決アプローチ（DX）

　不確実性の高い社会の中で、2015年頃からデジタルトランスフォーメーション（**DX**）の取り組みが加速していきました。元々DXの概念は2004年にスウェーデンのウメオ大学のエリック・ストルターマン教授によって提唱されました。教授の定義によると「ICTの浸透が人々の生活をあらゆる面でより良い方向に変化させること」とされています[*1]。その後、2018年12月に経済産業省が公表した「DX推進ガイドライン[*2]」において、抽象的かつ世の中全般の大きな動きを示すという考え方から進めて、DXは企業が取り組むべきものと示されました。

　DXの確固たる定義は厳密には存在しないため、『世界最先端デジタル国家創造宣言・官民データ活用推進基本計画』（令和2年7月17日閣議決定）[*3]で定義されているものを踏襲すると、定義は以下の通りとなります。

> 　企業が外部エコシステム（顧客、市場）の劇的な変化に対応しつつ、内部エコシステム（組織、文化、従業員）の変革を牽引しながら、第3のプラットフォーム（クラウド、モビリティ、ビッグデータ/アナリティクス、ソーシャル技術）を利用して、新しい製品やサービス、新しいビジネスモデルを通して、ネットとリアルの両面での顧客エクスペリエンスの変革を図ることで価値を創出し、競争上の優位性を確立すること。

　本定義の通り、ネットとリアル両面での体験の変革を通じて価値を創

出し、競争上の優位性を確立することが求められています。

　DX＝デジタルの活用という印象を持たれる方も多いかと思いますが、紹介した定義に沿うとそれだけでは不十分で、人間（対象者）の体験がどう変革するか、どのような価値が創出されるのか、という観点も求められています。

* 1　『情報通信白書』（令和3年版、総務省）
　　 https://www.soumu.go.jp/johotsusintokei/whitepaper/ja/r03/html/nd112210.html
* 2　2022年9月に、経済産業省のDX推進施策体系を踏まえて、利用者視点から「デジタルガバナンス・コード」と「DX推進ガイドライン」を統合し「デジタルガバナンス・コード2.0」として公表されました。そしてその後、2024年6月には「デジタルガバナンス・コード3.0～DX経営による企業価値向上に向けて～」が公表されました。
　　 https://www.meti.go.jp/policy/it_policy/investment/dgc/dgc3.0.pdf
* 3　『世界最先端デジタル国家創造宣言・官民データ活用推進基本計画』（令和2年7月17日閣議決定）　https://cio.go.jp/node/2413

DXを推し進めていく中でぶつかる壁

　体験の変革が求められる一方で、体験そのものを変革するというテーマは非常に抽象的で、とっつきにくいという印象を持たれる方も多いのではないでしょうか。一方で、DXを、デジタルサービスを導入することと解釈すると、そのテーマは具体的であり企業としてやるべきことが明確です。そのため、DX＝デジタルサービスの導入という考え方が広まりました。私の知る範囲に限っても、デジタルを導入するという手段が目的化してしまった企業を多く見てきました。

　デジタルにまつわる用語も複雑になってしまっているため、簡単に説明しておきます。書類のペーパーレス化やオンライン会議の実施など、アナログなものをデジタル化する「デジタイゼーション*1」、購買データの最適化や社内決裁フローの最適化など、ビジネスプロセスをデジタル化する「デジタライゼーション*2」、タクシー配車サービスやキャッシュレスサービスなど、デジタルを活用することで仕組みや構造を再構築する「デジタルトランスフォーメーション」という3種類がよく使われます。3つを区分せず全てを「デジタルトランスフォーメーション」と誤解さ

れるケースが散見されますが、上記の通り明確に定義は区別されています。

「移動」という行動を例に取ってみると、厳密ではありませんが、次のようなイメージです。

- アナログ：徒歩
- デジタイゼーション：自転車やローラースケートなど、道具を使っての移動
- デジタライゼーション：自動車や電車など、交通インフラを整えた上での移動
- デジタルトランスフォーメーション：「どこでもドア」のような瞬間的な移動

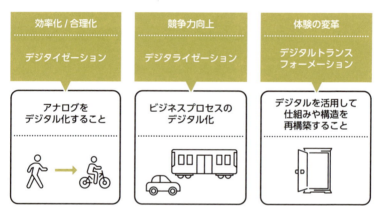

「どこでもドア」はあくまで空想の道具で現実には存在しませんが、移動という概念そのものを変え得るものという意味では非常にわかりやすい例です。

各企業がDXを推し進めていく中で、DXの解釈の誤解によってどのような問題が出てくるのでしょうか。ここまでお伝えした通り、DXとはデジタルの活用そのものにとどまらず、構造を再構築することが求められます。そのため、デジタルを追加する「足し算」では、不十分です。また、構造自体を再構築するため、ITソリューションを導入するだけ

でも不十分で、それを使う人やプロセスも変化する必要があります。

　ただし、「足し算」「ITソリューションの導入」にとどまるケースが多く、結果として、システム導入はできても、利用者 / プロセスといった内部変革が疎かになり「不便」「使われない」といった悲しい結末を迎えることになります。

	一般的な理解		本質的な理解
事業構造	事業構造はそのまま	→	事業構造そのものを再構築
パラダイムシフト	足し算	→	ゼロベースで再構築
内部革新	ITソリューションの導入	→	IT × ヒト × プロセス
重視するポイント	効率化 / コスト削減	＋	体験価値の向上

　これが、DXの解釈の誤解が生む、DXを推し進めていく中でぶつかる壁です。

　利用者の体験や行動そのものを置き去りにしてしまうと、結果、実効性がない取り組みになります。DXとは、デジタルを活用した体験の変革そのものである、と改めて認識する必要があります。

　＊1　Digitization（デジタイゼーション）。既存の紙のプロセスをデジタル化するなど、物質的な情報をデジタル形式に変換すること。
　＊2　Digitalization（デジタライゼーション）。組織のビジネスモデル全体を一新し、クライアントやパートナーに対してサービスを提供するより良い方法を構築すること。

壁を打ち破るキーワード「ビヘイビアデザイン」

　DXとは体験の変革そのものである、と書くと、読者の方の中には「CX（顧客体験）[*1]」のことか、とピンとくる方もいらっしゃるかと思います。まさに、DXにはCXが重要です。

　ただ、CXと言われてどうすればいいのか、何をすればいいのか具体的にイメージができるでしょうか。例えば、利用者のサービス利用シナリオを整理するカスタマージャーニーマップ[*2]などを作成する手法が、

一般的には広く浸透していると思います。

　顧客のカスタマージャーニーを整理することで、現状の生活者行動の一連の流れ（一例）を理解することができます。現状の行動の一例を理解するという点に関しては非常に有用な手法ではあり、私自身も思考の整理で活用することもありますが、あくまでそれは行動の一例を整理したものであり、具体的にCXの向上をどうすればいいかという分析、具体的な改善方法を企画することという観点では非常に難しい手法だと私は考えています。

　それはなぜか。生活者の生活行動は多様です。それを特定の1ユーザーに絞って生活行動を並べてみて、サービスに関わる行動のボトルネックになっている部分を特定し、何らかの方法で改善案を考えて実際に改善したとしても、それはあくまでその1ユーザーの生活行動に限ったものになってしまいます。作成者の都合がいいように、生活者の行動を並べるカスタマージャーニーマップを作成し、実際はそんな都合のいい行動をする人はいない、というものができ上がる、というケースもよく耳にします[3]。

　生活者の行動が多様であるがゆえに、CXの体系的かつ有用なフレームワークがさまざまに提唱されているものの、スタンダードとなっている手法が確立されていない状況です（CXの考え方自体は非常に多くの書籍で解説されており、私自身もたくさん学びを得ており、それ自体を否定するものではありません）。

　CXのスタンダードとなっている手法が確立されていない中でも、私自身非常に有用だと考えて普段活用しているアプローチ手法である「ビヘイビアデザイン」を本書では紹介します。

　　＊1　Customer Experienceの略称。似た言葉にUX＝User Experienceという言葉も存在するが本書では便宜上CX＝当該サービスを利用する前後を含めた顧客体験、UX＝当該サービスを利用している間の顧客体験と定義して使用しています。

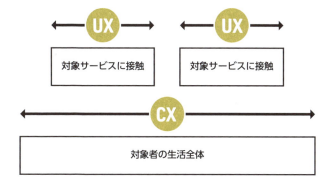

* 2 『我が国におけるサービスデザインの効果的な導入及び実践の在り方に関する調査研究報告書』（経済産業省　2020年）より《ユーザーの体験を旅の行程（ジャーニー）になぞらえ、ある一定の時間軸でのユーザー体験を可視化する手法。エクスペリエンスマップとも呼ばれる。様々なリサーチから得られた内容をもとに、ユーザーがサービスを認知してからの行動と感情の変化等を簡潔に一枚のマップに収めるので、網羅性・一覧性に優れている。ユーザー中心的かつ部門横断的なサービスについての検討や、ユーザーのサービス利用文脈の包括的な把握、検討対象のサービスとの接点確認等に活用できる。また、一連のユーザー体験に対するプロジェクト関係者間での認識の共通化にも有用である。》
* 3 例えば「自社製品の飲み物を買っている人にもう1本追加で買ってほしい」というビジネステーマが設定されているときに①朝起きる②準備して家を出る③会社につく前にコンビニに寄る④毎日自社製品の飲み物を買う⑤飲み物の感想をSNSにシェアする⑥仕事をする⑦帰宅する⑧晩御飯を食べて早めに就寝、のような体験の流れを書いているケースがありました。実際の利用者の観察などにより根拠をもって作られたものであればまだいいのですが、実際は製品担当者の「願望」で作られたもので、そのカスタマージャーニーマップには何も意味がありませんでした。

ビヘイビアデザインを通じた課題解決アプローチ

　一般的な課題解決のアプローチは、利便性や強制力を通じたアプローチです。例えば、人気飲食店に行列がたくさんできてしまうことで近隣の住民の方に迷惑をかけてしまっているという問題があったと仮定します。それを解決する手法として、例えば、事前予約のシステムを導入するといった利便性のアプローチや、周囲に迷惑のかからないように、大声で話すと罰金を取ると張り紙で注意喚起する強制力のアプローチがあり得ます。これらのアプローチも当然重要です。では、ビヘイビアデザ

インはどのようにアプローチするのでしょうか。

　ビヘイビアデザインは人間の行動を変えることで課題を解決するアプローチです。

　事前予約システムの導入などの仕組み全体の変更や張り紙などの利便性や強制力ではなく、人間が自然と「してしまう」「したくなる」行動をした結果、課題が解決されるアプローチです。

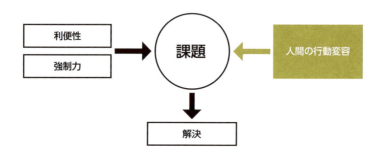

　先の例で言うと、例えば、列の並ぶ方向に紐を張ったり線を引くことで、紐や線に沿って並んでしまうようにする、行列の途中に音量計測マイクとデシベルを表示するモニターを用意して、行列が騒がしくないか確認できるようにすることで静かにしたくなる、というアプローチが考えられます。結果として行列は整列され皆が静かになり、近隣の住民の方に迷惑をかけない、という目的を果たすことができます。これらは罰則などで強制されるわけではなく、紐やモニターを見て、自然に整列する、静かにする、という行動が促された結果、目的が果たされるという行動起点のアプローチです。

　利便性や強制力の手段など、外的要因を通じて直接的に課題を解決する手法ではなく、ビヘイビアデザインは、「してしまう」「したくなる」内的要素とそれを喚起する外的要素をセットで考えるアプローチです。

　このアプローチは、カスタマージャーニーマップのように全体の体験の流れを可視化するという観点では不十分ですが、1つの行動や1つの課題にフォーカスすることで、具体的な課題を、対象者の行動によって解決していく観点では優れています。

1つ1つの行動単位まで最小化し変革した上で、それらを積み上げていくことで、結果として体験全体を変革していきます。

ビヘイビアデザインを考えていく上で、まず事前準備として課題の粒度定義を行います。

便宜上、本書では3W1Gと定義します。

誰が（WHO）どのシーンで（WHEN）どの選択肢で（WHICH）何を選ぶべきか（GOAL）の頭文字をとって3W1Gと呼んでいます。

先の例で言えば、飲食店に並ぶ人が（WHO）行列に並んでいるシーンで（WHEN）整列して静かにするか、雑然と並んで大声で話すかの選択肢で（WHICH）整列して静かにする、を選ぶ（GOAL）という形で整理します。組織内で課題を設定する際に、人によって、チームによって定義の仕方がバラバラだと議論がしにくいケースが多く、このような形で粒度を合わせることを勧めています。重複した表現となるケースはありますが、この粒度で定義することによってビヘイビアデザインのアプローチをよりスムーズに行うことができます。

課題設定をした上で具体的なアプローチを考えていきます。

課題解決のアプローチを本書では以下のように整理しています。

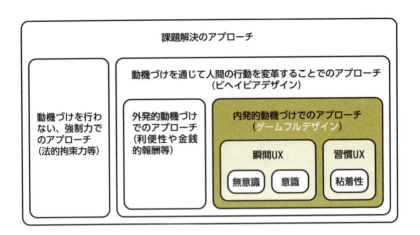

　まずは、直接的な強制力や利便性でのアプローチと人間の行動を変革することで解決するアプローチ（ビヘイビアデザイン）の2つに分類できます。ビヘイビアデザインはさらに金銭的報酬などによる外発的動機づけと能動的に「やりたくなる」内発的動機づけの2つに分類できます*。

　この内発的動機づけのアプローチを、瞬間的な行動判断・行動変容と、継続的な行動判断・行動変容に分類し、それぞれを「瞬間UX」「習慣UX」と定義します。

　そして、瞬間UXを「ついやってしまう」無意識なものと、「ついやりたくなってしまう」意識的なもので分類します。習慣UXは「ついやり続けてしまう」粘着性と定義します。この瞬間UXと、必要に応じて習慣UXを組み合わせることで、体験を変革していきます。ゲームをはじめとするエンタテインメントには、この瞬間UXと習慣UXの仕掛けであふれています。

内発的動機づけを通じた課題解決アプローチ（ゲームフルデザイン）		
瞬間 UX		習慣 UX
無意識 （ついやってしまう）	意識 （ついやりたくなってしまう）	粘着性 （ついやり続けてしまう）

　これが、本書で使用する課題解決のアプローチの全体像です。この、課題解決のアプローチのうち、内発的な動機づけを通じた、ゲームをはじめとするエンタテインメントの「ついやってしまう」「ついやりたくなってしまう」「ついやり続けてしまう」仕掛けを活用するアプローチを、本書では「ゲームフルデザイン」と定義しています。

　ゲームをはじめとするエンタテインメントが、娯楽の世界だけのものではなく、現実社会における課題解決のアプローチとして有効に活用でき得るものであることが、イメージいただけたのではないでしょうか。

　次節より、それぞれの内容について細かく紹介していきます。

> ＊　外発的動機づけと内発的動機づけ。金銭的な報酬の付与や、報酬として企業内で昇進をさせるなど、外部からの機能的な報酬による動機づけを外発的動機づけと定義しています。一方で、自律性・主体性・能動性のような、機能的価値に依存しない自身の内部から動機づけがなされることを内発的動機づけと定義しています。

② ② 無意識な瞬間UX

8つの「ついやってしまう」要素

本節では瞬間UXのうち、無意識に「ついやってしまう」体験の作り方を紹介していきます。瞬間UXは、行動経済学をはじめとする行動科学[*1]の知見を用いて人々が望ましい行動をとるようにアプローチする「ナッジ[*2]」という考え方をベースにしています。

行動経済学とは、経済学のモデル理論に心理学的に観察された事実を取り入れていく学問です。従来の経済学では、人々は合理的な行動を取ることを前提としていますが、行動経済学では人間の非合理的な行動メカニズムを前提としています。ここまで述べてきた通り、情報爆発時代において人間の不合理な行動メカニズムの重要性が増しています。行動経済学の権威であるシカゴ大学のリチャード・セイラー教授が、2017年にノーベル経済学賞を受賞されたということも、現代社会における行動経済学の重要性を示しています。

本書では、人間の「ついやってしまう」体験を実現するために必要な要素/手法を実務的な解釈をもとに8つに定義しています。

- 初期設定　　　：あらかじめ何かを設定しておくことでそれを選択させる
- 情報開示　　　：選択肢のメリットを開示して選択させる
- リマインダー　：期日や約束の日時などを少し前に知らせることで行動を選択させる
- 単純化/容易化：手続き方法や書類作成を簡単にすることでより多くの人に選択させる

- フレーミング：情報を適切に整理することで望ましい選択をさせる
- 同調　　　　：他の多くの人がやっていることをすべきと考える思考を利用して選択させる
- わかりやすさ：グラフィックや図示などを用いて注意を引き行動を選択させる
- エラー予測　：取り得る間違いの選択肢を予測しあらかじめ取らないように対処する

　これら8つの要素/手法について1つずつ、有名な事例を交えながら紹介していきます。

> ＊1　行動科学は、行動経済学、心理学、社会学、認知科学、脳神経科学など行動に関する自然・人文・社会科学の総称。
> ＊2　《ナッジ（nudge：そっと後押しする）とは、行動科学の知見（行動インサイト）の活用により、「人々が自分自身にとってより良い選択を自発的に取れるように手助けする政策手法》で《人々が選択し、意思決定する際の環境をデザインし、それにより行動をもデザインする》こと。環境省が事務局となり活用を推進している「日本版ナッジ・ユニット（BEST）」より
> https://www.env.go.jp/content/900447800.pdf

✚ 初期設定

あらかじめ設定しておくことでそれを選択してしまう手法

　人間は日々大小含め多くの判断をしています。今日は何の服を着るか、何を食べるかといった意識的な判断から、右足から歩くか左足から歩くかといった無意識的な判断まで日々さまざまな判断をしています。情報爆発時代において、情報の取捨選択は極めて重要です。その中で1つ1つの選択に対し意識的な判断をしていると、情報処理が追いつきません。結果として、可能な限り意識的に判断しなくていいものは感覚的に、無意識的に判断していくことになります。情報爆発時代において選択の判断を減らすということは極めて重要です。この「初期設定」という手法は、人間が意識的に判断しなくてよいように、あらかじめ選択された状態を作る、選択しやすい状況を作る、という手法です。あらかじめ設定

しておくことによって人間が無意識にその選択肢を取りやすくし、自然に行動を促していくことが期待できます。

例1 会員サイトで「会員登録された方にメルマガを配信したいが、配信を承諾するチェックボックスにYESと入れてくれた方にしかメルマガを配信できない。もっと多くの方にメルマガを配信できるようにしたい」という課題があった際、3W1Gで定義すると次のようになります。

「会員サイトで会員登録してくれた方が（WHO）メルマガ登録画面で（WHEN）承諾するかどうかの選択肢（WHICH）で『承諾する』を選択する（GOAL）」

その上で、チェックボックスをあらかじめYESにしておき、拒否したいときはチェックボックスを外してもらう、という対応としたらどうでしょうか。もちろん意識的に判断をしている方は、不要だと感じればチェックボックスをあえて外す行動をします。一方で意識しない方は無意識的に、この最初の設定情報（YES）のまま、進行します。結果としてYESを選択する利用者が増えることになります。

例2 ビュッフェ形式の社員食堂で、「従業員が野菜をあまり好まない、健康の観点では野菜を積極的に取ってほしい」という課題がある場合、これを3W1Gで定義すると、次のようになります。

「従業員が（WHO）社員食堂で食事をするときに（WHEN）野菜を取るか取らないかの選択肢で（WHICH）野菜を選択する（GOAL）」

その上で、例えば、ビュッフェの一番取りやすい場所に野菜を置き、それ以外の食べ物は少し奥に置くなど取りにくい場所に置きます。そうすると、人間は取りやすい場所にあるものを選択しやすくなります。これも無意識的に簡単な選択肢を選びがちな人間の特性を捉えた手法の1つです。

➕ 情報開示

選択肢のメリットを開示することで選択してしまう方法

　対象者が行動の選択を行う際に、メリットとデメリットが瞬時に判断できず、特に意識せずに「流れ」で行動をしてしまうケースが多くあります。人間には一貫性欲求があり、習慣的にやっていた行動を変えることは人間にとってストレスであり、「流れ」でそのまま行動してしまいます。この行動は、その人にとってのメリットとデメリットを踏まえた行動判断ではないため、行動を変える難易度は高くなります。

　この「情報開示」という手法は、このようなメリットやデメリットを改めて明示することで、「流れ」で行ってしまう行動を変える手法です。

例　「自転車の不法駐輪を防ぎたい」という課題は、3W1Gで定義すると次のようになります。

　「自転車を駐輪したい人が（WHO）、目的地まで自転車で来たときに（WHEN）、駐輪場に停めるか、停めやすいけど停めてはいけないところに停めるかの選択肢（WHICH）で、駐輪場に停める（GOAL）」

　その上で、例えば「ここに駐輪している放置自転車は不要自転車です。自由にお使いください」と看板を置きます。つまり、ここに駐輪すると誰かに持っていかれてしまう可能性が高くなります。対象者にとってこれは明らかなデメリットです。デメリットを明確に情報開示することで、対象者がGOALの行動を選択するように導いていきます。

➕ リマインダー

期日や約束の日時などを少し前に知らせることで行動してしまう方法

　人間は緊急性の低いものを後回しにする傾向があります。つまり「今ここ」で対応する必要があると明示されると、行動が喚起される可能性が高まるとも言い換えることができます。その人間の特性を活用し、行動を喚起したいタイミングに合わせて情報を提供するという手法が「リマインダー」です。仕事の中で、自身でタスクを忘れないように未来のカレンダーに予定やタスクを登録されている方もいるのではないでしょうか。未来のタスクを忘れないように、皆さんが未来の自分に対して通知が行くように、思い出す機会を得られるように準備することで行動を喚起していきます。

> **例**　「お買い物の際にポイントカードを提示してほしい」という店側のニーズがある場合、3W1Gで考えると次のように定義できます。
> 　「買い物に来る顧客が（WHO）レジを通るときに（WHEN）ポイントカードを出す出さないの選択肢の中で（WHICH）ポイ

ントカードを出す（GOAL）」

　その上で、レジの担当者が「ポイントカードお持ちですか」とリマインドすることで、対象者はポイントカードの存在を思い出し、ポイントカードを提示するという行動が生まれます。この声掛けの手法は企業活動のオペレーションの中で多く取り組まれている、比較的一般化された手法と言えます。

➕ 単純化/容易化

手続き方法などを簡単にすることで選択してしまう手法

　人間は複雑なもの、熟考することを避ける傾向があります。複雑な問題であればあるほど、後回しにしたい特性があり、結果として行動を促しにくくなります。この「単純化/容易化」の手法は、手続きやプロセスを可能な限り単純化することで、行動の心理的障壁を下げ行動を促していく手法です。

例　バスの利用者に対して、「目的地で降りることを運転手側に伝えてほしい」という状況がある場合、3W1Gの定義で考えると次のようになります。

　「バス利用者が（WHO）降りたいバス停の手前で（WHEN）降りるかどうかを（WHICH）運転手に伝えてほしい（GOAL）」

　この方法は古くから確立されており、皆さんもすでにおわかりの通り、降車ボタンが用意されています。降車ボタンがなければ、乗客は次に降りることを直接運転手に伝え、運転手が「次止まります」と返すコミュニケーションのプロセスが必要です。このプロセスを、降車ボタンを押せばいいと単純化しています。このように、心理的障壁の高い行動を、単純化/容易化することで行動を喚起しやすくしていきます。

✚ フレーミング

情報を適切に整理し伝えることで選択してしまう手法

　情報爆発時代において、意識的な判断は極力減らしたい方向に人間の思考が変わってきている背景は「初期設定」の項目でもお伝えした通りです。

　「フレーミング」は、最初から、取らせたい選択肢を選んだ状態にする「初期設定」の手法ではなく、情報を整理することで目的の選択肢を取りやすくするという手法です。

> 例　企業活動において、「サービス提供の料金プランのうち特定の料金プランを選択してほしい」という状況の際、3W1Gで考えると次のように定義できます。
>
> 　「顧客が（WHO）料金プランを選択するときに（WHEN）複数の料金プランの選択肢から（WHICH）特定の料金プランを選択する（GOAL）」
>
> 　例えば、人間の極端回避性* という特性を利用し松竹梅の価格プランを並べます。人間は真ん中の選択肢を選ぶ傾向があり、結果的に提示した3パターンの料金プランのうち、真ん中のプランを無意識に選択する行動を喚起しやすくなります。

＊　極端回避性とは、「ゴルディロックス効果」とも言われ、人間は複数の選択肢があった際に、無意識のうちに真ん中の選択肢をとる傾向があるという特性です。

✚ 同調

他の多くの人がやっていることをすべきと考える思考により選択してしまう手法

　9つの欲求のうち「関係欲求」でも説明しましたが、人間は他者を意

識することで動機づけされる生き物です。周囲の人間が何をしているの
か、何を考えているか、によって、自身の行動を自然に変えてしまう傾
向があります。周囲がＡが正しいと主張しているときに、自分はＢが正
しいと主張するというのは勇気がいることです。人間は集団で生活する
生き物です。周囲に合わせることで集団生活の軋轢を生み出さないよう
無意識に判断、行動する傾向にあります。小学校の頃、先生から「この
問題がわかる人は挙手を」と言われた際に、実際の答えはわからなくて
も、自分以外のみんなが手を挙げて自分だけが手を挙げていない状況に
なったとき、手を挙げてしまい、先生から指名され回答する羽目になっ
たことはありませんか。人間は同調してしまう生き物なのです。

例　　　納税を延滞している人が多く、期限内に納税を促していきたい
という課題がある場合、3W1Gで考えると次のように定義できます。
　「支払い能力のある納税者が（WHO）納税の期限日までに
（WHEN）納税するかどうかの選択肢で（WHICH）納税するを
選択する（GOAL）」
　支払い能力がないケースでは、選択の余地がなく、支払えない
ため今回の例では除外します。その上で、例えば「10人に9人
が税金を期限内に支払っています。あなたはまだ納税を完了して
いない極めて少数派の人です」と督促状を送る、といった対応が
考えられます。自分だけが少数派であることを自覚することで、
多数派と同じ行動をしなければいけないと同調し、行動の変化が
期待できます[*]。

[*] ちなみに、実際に英国で本取り組みが実施され、督促状に「税は期限までに納めるべきもの」「他
の人は支払っている」などの社会規範メッセージを添えたことで、納付率が5.4％引き上げら
れたというデータがあります。
参考：https://www.cao.go.jp/consumer/iinkai/2019/311/doc/20191213_shiryou1
_1.pdf

➕ わかりやすさ

グラフィックや図などを用いて注意を引かれ
行動を選択してしまう手法

　人間は視覚的な情報への依存度が高い生き物です。見た瞬間に何をすればいいかがわかることで無意識的にその行動を促すことが期待できます。複雑でわかりにくい情報を、一目でわかるように表現することで、直感的に理解を促し行動を喚起します。

例　「男性用小便器の周辺に尿が飛び散って汚れてしまう」という課題がある場合、3W1Gでは次のように定義できます。
　「男性が（WHO）小便器で用をたすときに（WHEN）便器に近づいて飛び散らないように用をたすか、便器から離れて用をたすかの選択肢で（WHICH）便器に近づいて用をたすを選択する（GOAL）」
　その上で、例えば小便器の下部に的のような絵を用意します。そうすると人間は無意識的に「的」であると認識し、「的は狙うものだ」と即時に理解し、結果的に便器に近づいて用をたす行動を選択します。このように、わかりやすいビジュアルや図を用いることで無意識的に行動を導いていきます。

➕ エラー予測

取り得る間違いの選択肢を予測し、
そうしないような行動を選択してしまう手法

　人間は意図せず間違いを起こしてしまう生き物です。そのため、起こり得るエラー（間違い）を予測した上で、事前にそのエラーが発生しないように対応を行うことで、間違った行動をさせないように（望ましい

行動をさせるように）できます。よくある間違いに明確な傾向がある場合に特に有用です。

例 　ATMでカードの取り忘れが多発している、という課題があった際に、3W1Gの定義で考えると「ATM利用者が（WHO）ATMでお金をおろすときに（WHEN）カードを持ち帰るか取り忘れるかの選択肢で（WHICH）カードを持ち帰る（GOAL）」と定義できます。ここで実際に対応されている方法として、カードを取らないと、お金が出てこない、という仕組みがあります。ATMの利用者の目的がお金をおろすというケースであれば、お金を受け取らなければ目的が果たせず、その場を離れることはありません。そのため、目的を果たす前に、忘れがちな行動を必ずさせる（この例で言えばカードを受け取らせる）ことで、望ましい行動を促していきます。

「ついやってしまう」の作り方

　ここまで「ついやってしまう」体験の作り方として、8つの手法を紹介してきました。これらの手法を知っておくことで、特定の行動を促したいシーンにぶつかった際に、アプローチ方法を考えることができます。

初期設定	単純化 / 容易化	同調
あらかじめ何かを設定しておくことでそれを選択させる	手続き方法や書類作成を簡単にすることでより多くの人に選択させる	他の多くの人がやっていることをすべきと考える思考を利用して選択させる
情報開示		**わかりやすさ**
選択肢のメリットを開示して選択させる		グラフィックや図示などを用いて注意を引き行動を選択させる
リマインダー	**フレーミング**	**エラー予測**
期日や約束の日時などを少し前に知らせることで行動を選択させる	情報を適切に整理することで望ましい選択をさせる	取りうる間違いの選択肢を予測しあらかじめ、そうしないように処する

最後にこの「ついやってしまう」体験の作り方を、私が使っているフレームワークと併せて紹介します。人間の行動を通じて課題を解決していく場面にぶつかった際、1つのアプローチ方法として活用してください。

突然ですが「いい発想」とはどういう発想でしょうか。

課題を解決するアプローチも「いい発想」が求められます。ビジネスシーンでも「いい発想」が求められることは多いのではないでしょうか。ただ、何が「いい発想」なのかと聞かれると、少々回答が難しいのではないかと思います。

「ついやってしまう」体験の作り方を紹介する前に、本書では何が「いい発想」なのかを定義しておきます。この「発想」について曖昧なイメージのままにするのではなく、言語化して理解しておくことで、さまざまな課題解決のアプローチに役に立ちます。

ゲームビジネスにおける「いい発想」とは「面白い」と直感的に感じていただくことから始まります。見た瞬間に「面白そう」と感じて実際に手に取って、実際に遊んでいただく。生活に直結する衣食住に関係のない、緊急性が高くないビジネスだからこそ、非常に重要な要素です。

私は、「いい発想」とは「思いつかなかったけど、言われてみたら確かにそう」と感じられるアイデアと定義しています。誰もが思いつく発想は、面白くありません。だからといって、新しすぎて何のことかわからない発想は、そもそもイメージができません。このちょうどいい塩梅、一歩先でも二歩先でもない、半歩先の発想を「いい発想」と考えています。

これを私は、「意外性×共感性」（思いつかない意外性と、確かにそうだよねという共感性の両輪）という掛け算で定義しています。

この意外性×共感性の掛け算の考え方を前提にしながら「ついやってしまう」体験のアイデアを考えていきます。

今までにない新しい発想を生み出すこと＝イノベーションにはさまざまな定義があります。オーストリアの経済学者であるヨーゼフ・シュンペーターは1912年に出版した『経済発展の理論』の中で、「新結合」という言葉を用いてイノベーションを「経済活動の中で生産手段や資源、

労働力などをそれまでと異なる仕方で新結合すること」と定義しています。

これは、意外性×共感性とほぼ同義であると私は解釈しています。

既存の組み合わせであるため各要素は知っており（共感性）それを今までにない組み合わせ（新結合、意外性）によって新たな価値を生み出していくこと、それがすなわち新しい発想＝イノベーションとなります。

8つの「ついやってしまう」体験の8要素の中央に、解決したい課題を記載します。今回は「トイレを使った人が（WHO）トイレを出るときに（WHEN）便座の蓋を閉める・閉めないの選択肢で（WHICH）閉めるを選択する（GOAL）」と、課題を設定してみます。

次に、各8つの要素それぞれを課題と掛け合わせて（新結合）アイデアが出てこないか考えてみます。

例えばエラー予測と掛け合わせてみるとどうでしょうか。トイレの蓋を閉めないで出てしまうのであれば、手順としてトイレのドアを開けるためには、トイレの蓋を閉める必要がある、という仕掛けとすると、蓋を開けっ放しにしてしまうことが回避できそうです。

このような形で、8つの要素とそれぞれ掛け合わせていきます。思いつかない組み合わせがあっても構いません。組み合わせをしていくことで何か「いい発想」が1つでも生まれれば、という心づもりで試してみてください。ちなみに私が記入したワークシートを参考までにおいておきます。

初期設定	単純化 / 容易化	同調
あらかじめトイレの蓋を閉めておく	そもそも蓋を閉めることが単純なので 対象外	感染防止で皆が閉めていることをポスターとして貼る
情報開示		**わかりやすさ**
閉めない場合と閉めた場合の感染率を開示	トイレが終わったら蓋を閉めて退室してもらう	蓋を開けたとき閉めたときに音が鳴る
リマインダー	**フレーミング**	**エラー予測**
蓋を閉めることをドアの内側にポスター掲示	蓋を閉めないときに起こるリスクリストを表示	トイレの蓋を閉めないと個室のドアが開かない

 意識的な瞬間UX

5つの「ついやりたくなる」要素

前節では、瞬間UXのうち、無意識に「ついやってしまう」体験の作り方を紹介しました。本節では瞬間UXのうち、意識的に「ついやりたくなってしまう」体験の作り方を紹介します[*]。人間が深く意識せずに「ついやってしまう」手法と異なり、人間が意識して「ついやりたくなってしまう」手法であり、損得なく面白そうだからやってみよう、というエンタテインメントの要素が含まれます。本書では、必要な要素/手法を2×3に分類して定義していますので事例を交えながら紹介します。

大きくは「**物理的トリガー**」と「**心理的トリガー**」に分類しています。人間の行動を分解すると、外発的な刺激を受けて（物理的トリガー）その後、感情が生まれ（心理的トリガー）その上で行動が喚起されます。外発的な刺激を受けて無意識に行動が促される無意識な瞬間UXとは異なり、この2つの組み合わせでアプローチを考えていく必要があります。

物理的トリガー 見た目やモノの形		心理的トリガー 心に湧き起こる感情
期待 見た目で、どのような反応や効果が得られるか予想できる		**社会規範** 社会通念上の規範としてやらないといけないと感じる
類推 見たことがありどのように使うかがわかる		**好奇心** やってみたい、チャレンジしてみたいと感じる
		不協和 そろっていないことが気持ち悪いと感じる

★　意識的な瞬間 UX は、大阪大学の松村真宏教授の「仕掛学」の考え方をベースにしています。
『仕掛学―人を動かすアイデアのつくり方』（松村真宏著／東洋経済新報社刊／2016）
『実践仕掛学―問題解決につながるアイデアのつくり方』（松村真宏著／東洋経済新報社刊／
2023）

物理的トリガー：期待

見た目で、どのような反応や効果が得られるか予想できる

　視覚的刺激によって、行動をしたときにどのような結果が期待できる
かがわかる要素です。何が起こるか全く想像できないものに対しては、
人間は警戒し、行動を躊躇する傾向があります。そのため、外的刺激で
ある物理的トリガーは、わかりやすく、どんな効果があるかを示される
ことが重要です。「ボタンを押すと音が鳴るよ」などのテキスト表現も
含まれます。

　これは、「環境は生物に対して特定の知覚を引き起こさせる」という、
認知心理学者であるジェームズ・J・ギブソンが提唱したアフォーダン
ス★の考え方を参考にしています。デザイン分野においては認知心理学
者のドナルド・ノーマンがアフォーダンスを「人をある行為に誘導する
ためのヒント」と定義し、紹介しています。

　ドアを例に取ると、平たい板がついたドアは「開けるためには押す必
要がある」と認知され、取っ手のついたドアは「開けるためには引く必
要がある」と認知され、正しい行動に誘導できます。ドアという物体に
対して取り得る行動は「押す」「引く」「スライドする」などが存在しま
すが、ギブソンは、そこに平たい板をつけて押す行動に促すことを「ア
フォードする」、そしてそのアフォードするための平たい板を「シグニファ
イア」と定義しました。ここで紹介した「物理的トリガー：期待」は、
シグニファイアであるとも言えます。

2

3

意識的な瞬間 UX

49

* 人間がモノを認識して行動するときには「そのモノが自分に何をアフォード（afford＝提供する）するか」という思考が働いているという考え方です。例えば水を人間の立場で捉えた場合、水は人間にとって「喉の渇きを潤す」ことを提供します。魚の立場で捉えた場合、水は魚にとって「呼吸」することを提供します。このように、客体が何を提供するかによって自分たちはモノや環境を認識する、という考え方です。

➕ 物理的トリガー：類推

見たことがあり、どのように使うか、どのようなものかがわかる

「物理的トリガー：期待」は、外的刺激に対して未来の結果を予想するきっかけになる要素でしたが、「物理的トリガー：類推」は、外的刺激に対して過去の経験から推測する要素です。

過去の経験上見たことがあるものを見たら、どのように使うか、どのようなものかがわかります。使い方を改めて学ぶ必要がなく、利用を促すことが期待できます。

例えば、スイッチの形のものがあれば押せるものだと類推しますし、

デジタル領域であれば、ネット通販各社のサービスを見てみても、右上にマイページがありカートボタンがあるなど、提供会社が異なっても利用者はスムーズに利用方法が経験上わかるようにデザインされています。

　各社が仕様を合わせましょうとすり合わせをしているわけではなく、利用者の方が使い慣れているインターフェースにそろえたほうが新しい使い方を覚える必要がなく、スムーズに利用していただけるだろうという意図でデザインした結果、似たようなインターフェースになります。斬新なインターフェースよりも、馴染みのあるインターフェースのほうが利用者にとってはわかりやすいものになります。

✚ 心理的トリガー：社会規範

社会通念上の規範としてやらないといけないと感じる

　「ついやってしまう」手法の1つでも紹介しました「同調」にも近しい考え方です。人間は周囲の人間や社会に影響を受けて動機づけされる生き物です。社会の一員として「やらなければいけない」と感じることで「ついやりたくなる」が喚起される要素です。例えば、神社やお寺など神聖な場所で、水が溜まっている場所には必ずと言っていいほど小銭が沈んでいます。良い行動か悪い行動かはさておき、小銭を入れることを強制されているわけでもお願いされているわけでもなく、他の人がやっているから、やりたくなってしまうのです。

　そういった、「周囲がやっていることに合わせて自分もやりたくなってしまう」を喚起する要素です。

✚ 心理的トリガー：好奇心

やってみたい、チャレンジしてみたいと感じる

　人間はわからないものを知りたい、不確実なものを解消したいと動機

づけされる生き物です。外的刺激を受けて、自身の行動によって、結果がどうなるかを確かめたいという好奇心が湧き起こったときに人間は「ついやりたくなる」が喚起されます。例えば、突然ボタンが視界に入ると、実際に押すかどうかはさておき、押したらどうなるのかという好奇心が喚起されるのではないでしょうか。

そういった、「何が起こるかわからないからこそ、確かめたくなる」と喚起する要素です。

✚ 心理的トリガー：不協和

そろっていないことが気持ち悪いと感じる

人間は非論理的な、感覚的な気持ちよさや快楽性に動機づけされる生き物です。外的刺激を受けて、違和感があるものは違和感を解消したくなります。表計算ソフトで、行の高さがまちまちになっていたら行の高さをそろえたくなりますし、プレゼンテーション資料でフォントのサイズが1文の中で不自然に異なっていたらそろえたくなります。

そういった、「不協和な状態を解消したくなる」と、行動が喚起される要素です。

「ついやりたくなる」活用事例

ここまで5種類の行動喚起の要素を紹介しました。また、具体的に「ついやりたくなる」を作るときは、2種類の物理的トリガーと3種類の心理的トリガーを組み合わせることを併せて紹介しました。本項ではこの組み合わせを活用した事例を2×3の6種類の活用例として紹介していきます。

➕ 期待×社会規範

　見た目で、何が起こるものなのかが予想できる外的刺激（期待）と、周囲がやっていることに合わせようとする感情（社会規範）が喚起されることで行動が喚起されます。

　新型コロナウイルス感染症が猛威をふるっていた際に、見かける機会が増えた足跡のマーク。ここに立てばいいんだろうという予想が容易にでき、その行動は「ソーシャルディスタンスを保つためのものであり自分が和を乱すわけにはいかない」という心理的要因から、足跡の上に立とうという行動につながります。

➕ 期待×好奇心

　見た目で何が起こるのかが予想できる外的刺激（期待）と、やってみたいという感情（好奇心）が刺激されることで行動が喚起されます。例えば、エスカレーターではなく階段を使ってほしいという前提がある中で、階段をピアノの鍵盤に見立てたデザインがあるとします。階段がピアノの鍵盤に見えることで、踏んだら音が鳴りそうという期待と、実際に音が鳴るのか試してみたいという好奇心を刺激するはずです。結果として、エスカレーターではなく階段を選択する行動につながりやすくな

ると考えられます。

➕ 期待×不協和

　見た目で何が起こるのかが予想できる外的刺激（期待）と、不協和な状態を解消したいという感情が刺激されることで行動が喚起されます。

　最近は電子版でマンガを楽しむ方が増えたかもしれませんが、アナログなコミックスの背表紙にイラストが描いてあるケースがあります。同じ作品を棚に並べてみると、背表紙のイラストが複数巻でつながっているように予想でき、バラバラになってしまっている順番を整頓したい、と喚起され、棚に並んだマンガを順番に並べるという行動につながります。

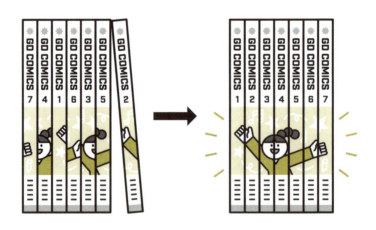

➕ 類推×社会規範

　見た瞬間に何をすればいいかが外的刺激によりわかり（類推）社会通念上やらないといけないと内発的動機づけがなされる（社会規範）こと

で行動を喚起します。

　例えば、鳥居を見ると厳かな雰囲気を感じ一礼をする方も多いのではないでしょうか。鳥居のある場所では、悪いことはしてはいけない、神聖な場所であるという社会的通念があり、それを経験上認識しています。

　不法投棄が問題になっている場所に鳥居を立てることで、不法投棄を防ぐという事例があります。これも、鳥居がある神聖な場所には、ゴミを捨ててはいけないものである、という道徳とも言える社会通念がしみついているからこそ不法投棄をやめるという行動につながります。

➕ 類推×好奇心

　見た瞬間に何をすれば良いかが外的刺激によりわかり（類推）チャレンジしてみたいと内発的動機づけがなされる（好奇心）ことで行動を喚起します。

　例えば、A派B派の選択肢に分け、それぞれの獲得票数を表示することで「投票」だということが類推されます。その上で自身の行動によっ

て、どうなるかという好奇心によって、望ましい行動につなげることができます。

大阪大学の松村真宏教授らによる実験例「大阪環状線総選挙」。駅のエスカレーター混雑緩和のための仕掛け。階段の天井にセンサーが設置してあり、右側と左側のどちらの階段を上がるかで投票が行える仕組みになっている。

＋ 類推×不協和

　見た瞬間に何をすればいいかが外的刺激によりわかり（類推）、不協和を解消したいと内発的動機づけがなされることで行動を喚起します。

　例えば、平置きの駐輪場で白線が複数本引いてあると、その白線が自転車の位置を示していることが経験上予想できます。そして、その白線に沿って自転車を並べなければ気持ち悪さ（不協和）を感じます。結果として、誰に強制されるわけでもなく、自転車を白線に沿って駐輪する行動につながります。

「ついやりたくなる」の作り方

　ここまで「ついやりたくなってしまう」体験の作り方を、2×3の手法で紹介してきました。これらの手法を知っておくことで、特定の行動を促したいシーンにぶつかった際に、アプローチ方法を考えることができます。

最後に、この「ついやりたくなる」体験の作り方を、私が使っているフレームワークと併せて紹介します。人間の行動を通じて課題を解決していく場面にぶつかった際、1つのアプローチ方法として是非活用してください。

前節でも「いい発想」＝意外性×共感性で、新結合が新しい発想を生むとお伝えしました。この「ついやりたくなる」体験も、この新結合を通じて新しい発想を生み出していきます。

わかりやすいように、前節と同じく「トイレを使った人が（WHO）トイレを出るときに（WHEN）便座の蓋を閉める・閉めないの選択肢で（WHICH）閉めるを選択する（GOAL）」と課題を設定して「ついやりたくなる」アイデアを考えていきます。

本フレームワークは1人でも活用することはできますが、いろいろな人の経験をもとにすることでよりアイデアの幅が広がりますので、複数人での活用をお勧めします。

大きくは2段階のステップで行います。まずは「やりたくなっちゃうあるある」の洗い出し、その後課題解決のアナロジー*活用、この2段階のステップです。

> ＊ アナロジー（類推）とはある事柄をもとに他の事柄をおしはかって考えることを指します。ここでは「やりたくなっちゃうあるある」な出来事をもとにして、その「やりたくなっちゃう」構造を、課題解決のアプローチとして類推する手法を指します。

✚ STEP1 :「やりたくなっちゃうあるある」の洗い出し

人間がついついやりたくなってしまう出来事を参加者で出し合います。その上で「確かに」「あるある」という共感性と、「思いつかなかったなあ」という意外性を両方担保した出来事を見つけていきます。

例えば以下などは「あるある」という方も多いのではないでしょうか。

- テレビ番組でクイズが出題されるとつい答えてしまう
- 高いところで透明な床があるとついその上に立ちたくなってしまう
- これすごい臭いよと言われたものを、つい嗅ぎたくなってしまう

● 白線が引いてあると線に沿って歩きたくなってしまう

　このような、誰しもが経験したことがあるだろう「やりたくなっちゃうあるある」を参加者で共有し合います。
　その上で、特に、意外性×共感性の高かった（思いつかなかったけど確かに言われたらあるある）経験談をピックアップします（今回便宜上、クイズが出題されるとつい答えてしまう、をピックアップ）。その後、2×3のフレームに体験を当てはめてみます。

● 物理的トリガー：期待（こういう答えだろう）
● 心理的トリガー：好奇心（正解かどうか試してみたい）

　物理的トリガーと心理的トリガーの構造になっていることが確認できました。

➕ STEP2：課題解決のアナロジー活用

　次に、実際に初期に設定した課題に対して、先ほどの「やりたくなる」出来事の構造を掛け合わせてみます。

● 課題　　　　　：「トイレを使った人が（WHO）トイレを出るときに（WHEN）便座の蓋を閉める・閉めないの選択肢で（WHICH）閉めるを選択する（GOAL）」
● アナロジー体験　：「テレビ番組でクイズが出題されるとつい答えてしまう」
● 導かれるアイデア：トイレに入るとクイズがドアに貼っており、正解はトイレの蓋に書いてある旨記載されている

　このように、課題を解決する人間の行動を、一見全く関係のない意外

性×共感性の「やりたくなる」体験をヒントに、具体的なアイデアに落とし込んでいきます。「やりたくなっちゃうあるある」を考える部分に、少々大喜利のような発想力が求められますが、意外性×共感性の経験さえ導ければ、課題解決のアプローチは比較的容易に考えることができます。だからこそ、最初の「やりたくなるあるある」は多くの方が参加しながらいろんな経験を洗い出すのがお勧めです。意外性×共感性の高い出来事は、原則として不変で、回数を重ねるたびにストックしていくことができるので、回数を重ねると出来事の洗い出しを改めてせずとも具体的な課題解決アイデアを出していくことが可能となります。

　最後に私が普段使っているシートを紹介します。まずは右上に3W1Gの形で課題を記入します。その上で、左側の列に「やりたくなっちゃうあるある」な出来事を箇条書きにしていきます。

　その後、解決したい課題と洗い出した出来事を掛け合わせて生まれるアイデアを右に書いていきます。シンプルなシートではありますが、このシートを埋めるように考えていくと幅広いアイデアを導くことができます。

やりたくなってしまった体験	アイデア			
	誰が WHO	どのシーンで WHEN	どの選択肢で WHICH	何を選ぶべきか GOAL

「ついやり続けたくなる」体験を生み出す習慣UX

　前章では、行動デザインについて体系的に理解した上で「ついやってしまう」無意識な瞬間UXと「ついやりたくなる」意識的な瞬間UXの考え方、それぞれの具体的な発想方法について紹介しました。本章では、ゲームフルデザインを説明していく中で最も重要かつ複雑な習慣UXについて紹介をしていきます。

③①　従来型のゲーミフィケーションの活用手法

ゲーミフィケーションの登場

　皆さんも「ゲーミフィケーション」という言葉は聞いたことがあると思います。さまざまな定義が存在しますが、ここでは2011年にアメリカの調査会社ガートナーによるレポート*での定義「ゲームのメカニズムを非ゲーム的な分野に応用することで、ユーザーのモチベーションを高めたり、その行動に影響を及ぼしたりする幅広いトレンド」を引用します。

　その考え方の歴史は古く、1970年代からゲームデザインの原理や理論に関する研究が進み、この時期にはポイントカードやスタンプカードといったリワード（報酬）プログラムが登場し、購買意欲を高めるためにゲーム的要素が利用されています。そして、ガートナーが「2011年のトップ10トレンド」の1つとしてゲーミフィケーションを選んだことにより、ゲーミフィケーションは世界的に注目を集めるようになりました。そこから、教育分野をはじめとしてさまざまな産業で活用を図る動きが活発化していきます。

　ただ、トレンドとして広がりを見せたゲーミフィケーションの取り組みですが、そのトレンドはものの数年で衰退していきます。

　ガートナーは先の定義の通りゲームのメカニズムを非ゲーム分野に応用することで行動に影響を及ぼしていくという考え方の本質をトレンドとして捉えていました。

　一方で産業界では、より実行しやすい形として、方法論としての解釈が進みました。1970年代から研究がなされ一定の実績が出ていたリワードプログラムそのものをゲーミフィケーションと捉えてビジネスに活用

62　③「ついやり続けたくなる」体験を生み出す習慣UX

するトレンドが生まれました。結果として「購買行動に対しておまけで
ポイントを付与する」「一定回数購買すると称号を付与する」「購買回数
に応じたランキングを表示して上位者に報酬を付与する」といった手法
が採用されたサービスが多く登場しました。

　これらの手法は、ポイント（Point）、称号（Badge）、ランキング
（Leaderboard）の頭文字をとって「PBL」とも呼ばれます。方法論
が一般化し、より多くの企業が活用できる状況自体は望ましいことでは
ありますが、本書でもここまで解説してきたように、人間は単なる方法
論にあわせて行動を変えるほど単純ではありません。

　そして方法論をそのまま活用した各企業は、期待するほど効果が得ら
れずに「ゲーミフィケーションはあまり有用ではない」とレッテルを貼
り、結果的にゲーミフィケーションの活用はダウントレンドとなってい
きました。

　読者の方の中にも、ゲーミフィケーションと聞いて「昔流行ったもの」
「あまり効果がないもの」「一部のサービスで活用できる特殊な手法」な
どの印象をお持ちの方も多いのではないでしょうか。

　その後、方法論に留まることなく、本質的な解釈をもとにしてゲーミ
フィケーションを取り入れた企業が成功事例を生み出し、一部の企業の
みがゲーミフィケーションの力を享受できる時代へと移行していきます。

> ＊《ガートナーのリサーチ担当バイスプレジデント、ブライアン・バーク氏は、「ゲーミフィケー
> ションは、より深く緊密な関係を築きながらその行動に影響を与えることを狙いとしている
> が、十分な思慮深さをもって進めていく必要がある。現在のところゲーミフィケーションの
> ほとんどの試みは期待した成果を挙げられていないが、ゲーミフィケーションを成功へ導き、
> 持続させることができれば、顧客をファンに、仕事を楽しみに、学ぶことを喜びに変えるこ
> とができる。ゲーミフィケーションには、非常に大きな可能性がある」と解説している》（2016
> 年ビジネス＋IT掲載記事「グローバル企業の7割が『ゲーミフィケーション』を採用する--ガー
> トナー」より）https://www.sbbit.jp/article/cont1/25073

ゲーミフィケーション活用の成功事例

　PBLといった手法にとらわれず、ゲームの本質を捉えた上で行動変
容のデザインを行っている（ゲーミフィケーションを本質的に活用して

いる）事例を紹介します。

➕ くら寿司「ビックらポン」

　皆さんも一度はご覧になったことがあるのではないでしょうか。大手回転寿司チェーン店であるくら寿司のテーブルに設置されています。

　回転寿司の魅力は、味の美味しさや安さといった点はもちろんですが、自分の好きなタイミングで好きなネタのお寿司を自分で選んで食べることができる自由度もあるでしょう。ただ、その自由度は見方を変えるといつでも食事をやめることができるとも言えます。くら寿司としては「1皿でも多く召し上がっていただきたい」というのがビジネス上の本音でしょう。この、1皿でも多く食べたくなるようにするため（実際の意図は定かではありませんが）、ゲーミフィケーションが活用されていると考えられます。

　5皿ごとに1回、抽選にチャレンジすることができます。そしてあたりがでると、さまざまなグッズを手に入れることができます。

　ここで、もしもPBLの方法論のみでゲーミフィケーションを捉えるとどのような体験になるでしょう。

　一皿食べるごとにポイントがたまる、ポイントをためると値引きされる、限定商品と交換できるという方法が考えられます。一見良いアイデアには見えるのですが、行動変容を促すという観点では2点ネガティブなポイントがあります。

　1つ目は、各利用者が保有しているポイントを管理するために、利用者登録が必要な点です。利用者登録を必須とした場合、その登録に障壁があり必ずしも全員が参加するわけではないという対象範囲の狭さという観点でネガティブです。

　2つ目は、価格競争に陥ってしまうという点です。共通ポイントサービスは世の中にはたくさん存在しています。その中でどれだけ還元率が高いか、お得かどうかということを、各社シノギを削ってアピールして

64　③「ついやり続けたくなる」体験を生み出す習慣UX

います（私はこれをよく「札束で殴り合う」と表現します）この手法では、競合優位性を確保するために還元率を一定確保し続ける必要があり、結果としてビジネスの利益率に大きな影響をもたらしてしまいます[*1]。値引きではなく、限定商品（非売品など）と交換できるとすることで、金銭的な価値を感じにくくするというやり方も考えられますが、この場合、単純にその限定商品が魅力的である必要があり、結果として価値の高いものが必要になります。そして、その価値が高いものはたくさん配布ができないため、結局は100皿食べたらなど限定商品を利用者が手に入れるための障壁が高くなってしまい、まだ少ししか食べていない人にとっては遠すぎる目標になり行動を促すことは難しくなります。

　この通り、いわゆる方法論だけでゲーミフィケーションを活用すると、不都合が生まれるケースが多くなります。ではなぜ、くら寿司の取り組みは秀逸なのでしょうか。

　原点に返ります。

　顧客はいつでも食べ終わることができる回転寿司の体験に魅力を感じており、企業側は顧客に1皿でも多く食べてほしいという意図があります。したがってシンプルに考えるならば、●皿食べたら何か報酬が得られる、という形にすることで、顧客が●皿を目指す、という体験が必要であると考えられます。ここで考えるべきは何皿食べればいいのかという条件と、何が得られるかという報酬の2点になります。

　ポイントの考え方を用いるのであれば1皿ごと小さくポイントがたまり、一定ポイントがたまれば何かと交換できる、という形になります。ですが企業側は、1回の来店時に食べるお皿を1皿でも増やしたいと意図しています。その繰り返しがトータルとしての売上増につながるからです[*2]。となると、ポイントの考え方とすると、蓄積し続けることが重要となるため、1来店当たりの枚数増加という観点では相性が悪いと考えられます[*3]。そのため、ポイントという概念を選択しなかった点が、秀逸だと考える1つ目の理由です。

　ここで、蓄積し続けるポイントではなく、一定の皿数食べるごとに報酬がもらえる、という構造が考えられます（くら寿司では5皿）[*4]。

3

1

従来型のゲーミフィケーションの活用手法

65

次に報酬を何にするか、という点。

　5皿ごとに報酬をあげるとなると、限定商品（非売品など）だとしても相当に費用を下げる必要があります。その中で、商品の好き嫌いで行動変容の促進にばらつきが生まれてしまうことは避けたいものの、万人に好まれる商品を作ることは非常に難易度が高いです。ここからが秀逸だと考える点なのですが、くら寿司は、報酬である商品内容に依存せず、体験そのものを魅力的な報酬として設計しています。それが抽選システム[*5]です。

　1章で紹介した通り、人間には偶然性と好奇心に動機づけされる「求知欲求」があります。5皿食べれば必ず特定のものがもらえるよりも、5皿食べると何かがもらえるかもしれない、さらに何がもらえるかわからないほうが強い動機を喚起します[*6]。この、偶然性に人間は動機づけされるという着眼点が秀逸です。結果、5皿食べるごとに抽選システムが引ける、という体験ができ上がります。方法論に走るのではなく、企業側の意図、顧客の心理、欲求を本質的に理解した上で導き出したこの施策はゲーミフィケーションの活用方法として極めて秀逸です。

　そして、この施策は、進歩実感によって動機づけされる「達成欲求」と希少性によって動機づけされる「獲得欲求」まで網羅しています。

　全種類をコンプリートしたいという達成欲求を喚起し、結果的に再来店を促し、手に入れにくいレアリティの商品を用意すれば獲得欲求を喚起し、来店あたりの客単価向上に留まらず、再来店動機をより高めることになります。

　方法論に飛びつかず、ゲームの本質を捉えた上で体験設計を行うことが、本質的なゲーミフィケーションの活用と言えます。

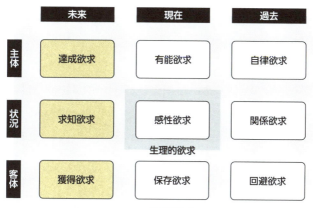

- *1 共通ポイントサービスは、自社の製品購入時、サービス利用時に利用者に対してポイントを付与する仕組みですが、そのポイント分にあたる金額は事業者が負担します。そのためポイントをたくさん配布すればするほど費用が増加し利益が減少します。例えば100円購入に対して5％＝5円を利用者に還元する場合は、事業者は少なくとも5円分利益を減らすことになります（サービス利用手数料等がさらに費用として発生）。
- *2 このあたりは、毎日食べるものではない「寿司」を取り扱うからこそ、来店頻度を上げるよりも、来店単価を上げるほうが結果として収益に貢献するという判断があったのだと推測されます。
- *3 還元率1％とした場合、100枚食べないと、1枚無料分には相当しないため1来店ではなかなか到達が難しいと考えられます。
- *4 推測の域は出ませんが、おそらく平均食事皿数が14皿、24皿、といった5の倍数マイナス1程度だったのではないかと考えています。
- *5 「ガチャガチャ」「ガチャポン」「ガチャ」など、さまざまな名称が一般的に用いられることが多いですが、これらは各社によって商標登録がされているため、本書では「抽選システム」と呼びます。
- *6 報酬である商品自体に強い魅力がある場合は、偶然性を問わず強い動機づけができます。この場合、希少なものを手に入れたいという獲得欲求が強く刺激されています。

③ ② 本質的なゲーミフィケーションの活用＝ゲームフルデザイン

ゲームの定義

　読者の方の中には普段からテレビゲームやスマートフォンゲームを遊ばれる方もいらっしゃるのではないでしょうか。もしかすると、過去一度も遊んだことはない、という人はほとんどいらっしゃらないかもしれません。それほどまでに、ここ30年でゲーム産業は急速に発展してきました。ただ、ゲームといってもテレビゲームやスマートフォンゲームだけではありません。古くは花札やカルタ、トランプやマージャンなど、近代的なゲームに限らず、人を夢中にさせる「遊び」は数多く存在します。

　では、そもそもゲームとは何でしょうか。

　内発的な動機づけを通じた、ゲームをはじめとするエンタテインメントの「ついやってしまう」「ついやりたくなってしまう」「ついやり続けてしまう」仕掛けを活用するアプローチを説明していくためにも、このゲームとは何なのか、について定義をしておきます。

　何をもってゲームと定義するのか、諸説ありますが、本書では私が好んで使う定義を使用します。

✚ ゲーム＝制約条件×勝利条件×相互性

　制約条件とは、いわゆる「ルール」です。プレイヤーがどのような状況下でどのような行動を取ることができるのか、ということを定めるものです。

　勝利条件とは、いわゆる「ゴール」です。プレイヤーが最終的に目指す状態を定めるものです[*]。

相互性とは、映像作品のように一方的に利用者に対して情報を提供するものではなく、情報を受け取った利用者が何かしらのアクションができ、それが相手の行動や、結果に影響を及ぼす仕組みを指します。

　わかりやすい例で説明します。

　じゃんけんを例にとりましょう。じゃんけんを知らない方はいないでしょうから、遊び方の説明は割愛して上記の定義に沿って整理していきます。

- 制約条件：グーとチョキとパーの3種類しか出すことができない
- 勝利条件：グーはチョキより強い、チョキはパーより強い、パーはグーより強い関係性の中で相手よりも強い手を出すことができれば勝利
- 相互性　：相手の表情や仕草等を見て相手の出す手を予測し、自分の出す手を決めて出すことで結果が変わる

　いかがでしょうか。非常にシンプルですね。これも、先の定義に従えばゲームです。

　次はもう少し遊び方が複雑な将棋を例にとりましょう。

- 制約条件：動ける範囲がそれぞれ決まっている8種類20個の駒を使用する
- 勝利条件：相手の王（玉）将を取ることができれば勝利
- 相互性　：1手ずつ順番に駒を動かす

　逆に、明らかにゲームではないものに当てはめてみます。ここでは、ドラマ作品を例にとってみます。

- 制約条件：なし（好きなときに好きなように見ることができる）
- 勝利条件：なし
- 相互性　：なし（映像を一方的に観るだけで、自身の行動によって

映像に影響を与えることはない）

　いかがでしょうか。多くの方に愛されるエンタテインメントでも、明確にゲームではないと解釈することができます。

　では、この定義に沿ったゲームがなぜ人を惹きつけるのか、そこを考えていきます。

　★　制約条件（ルール）の中に勝利条件（ゴール）も含まれるとも解釈できますが、本書におけるゲームの定義の文脈ではそれぞれを区別して定義しています。

なぜゲームはやりたくなるのか

　ゲームは、衣食住など、生活に不可欠なものではありません。ですが、多くの方に愛され続けている製品です。衣食住のように生活に不可欠なものではないが、あると生活に彩りが生まれる、ないと寂しい気持ちになる、そんな表現を私は好んで使います。

　そこまで人を惹きつけるゲームの魅力とは何でしょうか。なぜ、人間はゲームをやりたくなるのでしょうか。

　人間には、生命を維持し子孫を残すという生存・生殖欲求が遺伝子レベルで備わっています。その、生存・生殖欲求を満たすために、いわゆる衣食住に関わる物質的欲求と、非物質的な欲求である精神的欲求の2つが存在すると本書では定義します。

　物質的欲求はその名の通り、モノが満たされているかということにつきるためわかりやすいのですが、精神的欲求は少々複雑です。精神的に満たされているかという、目には見えない人間の感情に大きく起因します。そこで、生存・生殖欲求を精神的欲求の観点で分解してみます。

達成欲求	有能欲求	自律欲求
前進や拡大変化を求める	自己有能感を求める	大義を求める
• 自身を高めたい • 日々強くなっていきたい	• 自身で戦い方を決めたい • 自身の強さを誇示したい	• 悩みたくない • 不明なことを減らしたい
• 環境に適応しながら生存するための知識を得たい	生殖 / 生存欲求 感性欲求	• 協力して生き残りたい • 安らぎたい • 守りたい/守られたい
• より強い遺伝子を残したい • なかなか手に入らないものは体にいいものだから手に入れたい	• 遺伝子を残したい • 食料等を手元に残しておきたい	• 身の危険を回避したい
入手が困難なものを求める	所有 / 保存を求める	損の回避を求める
獲得欲求	保存欲求	回避欲求

左辺：求知欲求 / 発見やドキドキを求める　　右辺：つながりを求める / 関係欲求

　この図、見覚えのある方もいらっしゃるかもしれません。

　そうです、1章で説明した、9つの人間の本質的欲求です。この9つの欲求は、ゲームをはじめとするエンタテインメントビジネスの経験則に基づき定義したものです。

　つまりゲームは、人間の遺伝子レベルの生存・生殖欲求を満たすために必要な精神的欲求を満たす構造を持っていると考えることができます。

　ゲームは人間の本能的な欲求を満たしうるものであり、だからこそ人をより強く惹きつけ、やりたくなる、を喚起することができます。

　ガートナーが2011年にゲーミフィケーションを「ゲームのメカニズムを非ゲーム的な分野に応用することで、ユーザーのモチベーションを高めたり、その行動に影響を及ぼしたりする幅広いトレンド」と定義したことも、ゲームやエンタテインメントが人間の本質的な欲求を刺激し行動を変容することができる高いポテンシャルを持っていると評価していたのだと想像しています。

　誰もがやりたくなってしまうゲームをはじめとするエンタテインメン

トの力を活用していくためには、くら寿司の事例でも紹介した通り、方法論に飛びつくのではなく、本質的な人間理解を深めた上で、最適な手法を活用していく、というアプローチが重要です。**方法論ではなく人間の体験や行動にまで着目し人間の本質的な理解をもって活用を図るこのアプローチそのものが、ゲームフルデザイン**であり、その結果用いられる具体的な手法が、従来使われてきたゲーミフィケーションです。本書では、**本質的なゲーミフィケーションの活用をゲームフルデザインと定義します。**

幸福度を高めるゲームフルデザインの可能性

次に、ゲームフルデザインが活用できる領域について触れていきます。ゲームと聞くと遊びや娯楽が真っ先に想像されるため、活用できる領域は限られるのでは、と考えられる方も多いかと思います。ただ、ここまで説明してきた通り、ゲームの本質活用の範囲は非常に広いです。ガートナーのレポート「ゲームのメカニズムを非ゲーム的な分野に応用することで、ユーザーのモチベーションを高めたり、その行動に影響を及ぼ

したりする幅広いトレンド」という定義に立ち返ってみても、方法論が一般化してしまった歴史はありつつも、本質的にはゲームのメカニクスを活用したモチベーションデザイン、ビヘイビアデザインそのものを指していると考えられます。

　機能的価値だけでは解決できない課題があふれる現代社会において、人間の行動変容によって課題を解決するビヘイビアデザインの重要性は増しています。そしてビヘイビアデザインには人間の本質的な欲求の理解が必要です。そしてゲームは、人間の遺伝子レベルの生存・生殖欲求を満たすために必要な精神的欲求を満たす構造を持っています。ゲームの構造が生み出す「ついやってしまう」「ついやりたくなってしまう」「ついやり続けてしまう」体験が、人間の行動を変容し課題を解決していきます。

　金銭や外的強制によらず、人間が自発的・能動的に行動を変えたくなり、その変化を通じて、課題が解決され世界がより良くなっていく、そんな社会の幸福度を高める考え方・手法がゲームフルデザインです。

　考えられる活用範囲は無限にありますが、以下に例を挙げておきます。

- 継続して勉強をし続けることが難しい
- 営業職の従業員が毎日の営業レポートの報告を忘れがち
- 毎日少しずつ健康のためにトレーニングをしないといけないのはわかっているがどうしても続かない
- ゴミのポイ捨てをなくしたい
- 若者が選挙になかなか参加せず投票率が上がらない

　これらは全て、解決のためにゲームフルデザインの考え方を活用した先行事例が存在する課題です。

　「選挙をゲームフルにする」「勉強をゲームフルにする」「営業をゲームフルにする」など、社会の多くの課題に対しゲームフルデザインの考え方は活用することができます。

　非常に活用範囲が広いゲームフルデザインの考え方ですが、特に得意

なケース、苦手なケースは存在します。

　特に得意なケースは、行動対象となる人間が潜在的にその行動が重要であることは認識しており、なかなか行動に踏み出せない（緊急性が低い）という状況でのアプローチです。先の例でも

- 勉強は大事であることは理解している（が続かない）
- 営業レポートは必要なことは認識している（が報告を忘れがち）
- 健康は大事であることは理解している（が続かない）
- ゴミのポイ捨てはしてはいけないと理解している（がしてしまう）
- 選挙は大事だと理解している（が投票に行かない）

と全て、行動の重要性は認識されている前提でした。こういったケースはゲームフルデザインの考え方を通じて行動の後押しがしやすく効果を発揮しやすい傾向があります。

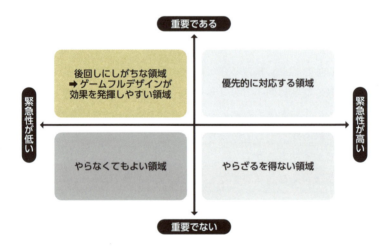

　逆に苦手なケースは、完全自動化された工場内でのマシンの稼働効率化など、人間の行動が課題解決に介在しない状況です。ゲームフルデザインは本質的な人間の欲求を理解した上で欲求を刺激し行動を変容することで結果的に課題を解決するアプローチです。人間の行動が課題解決

に寄与しないケースでは、どうしても活用が難しくなります[*]。

　人間の本質的な欲求を理解した上でビヘイビアデザインの手法を考え
ていくという前提のもと、次項からは、より具体的な実践として9つの
欲求ごとに効果的な手法を細かく説明していきます。全部で101個の
手法を定義しています。それぞれの手法ごとに、どういうケースで使う
とより効果的か、という実践のヒントも記載していくので是非、辞書の
ように手元に置いて活用してください。

　　[*]　このようなケースでも、例えばマシンの稼働効率を改善させるための方法を考える従業員の
　　　　方に対して、改善案を考えたくなるようにアプローチする方法は考えられます。

欲求分類の考え方

　人間が、強制されるでもなく自発的・能動的に行動を変えたくなり、
その変化を通じて世界がより良くなっていく、そんな社会の幸福度を高
める考え方がゲームフルデザインです。この自発的・能動的に行動を変
えたくなるという欲求を1章で紹介しました。

　人間の欲求が引き起こされる要因は大きく2種類あると定義され、1
つは環境軸、もう1つは時間軸です。

　環境軸は大きく3つに分けられ「主体」「状況」「客体」で分類してい
ます。自分ひとりで欲求が喚起されるものは「主体」、人間が置かれて
いる状況によって欲求が喚起されるものは「状況」、人間の周りにある
モノによって欲求が喚起されるものは「客体」と分類しています。厳密
には異なりますが、1人称、2人称、3人称のようなイメージです。

　もう1つの時間軸による分類も3つに分けられ「未来」「現在」「過去」
で分類しています。未来に起こり得るものへの期待や想像によって喚起
される欲求は「未来」、現時点で起こっていることによって欲求が喚起
されるものを「現在」、過去に起こった現象や事象によって欲求が喚起
されるものを「過去」と分類しています。

この3×3の組み合わせで欲求を定義しています。

その上で、それぞれの欲求を効果的に刺激する手法を、ゲームをはじめとするエンタテインメントの経験則から細かく定義しています。

これらの手法をそれぞれ紹介していきます。

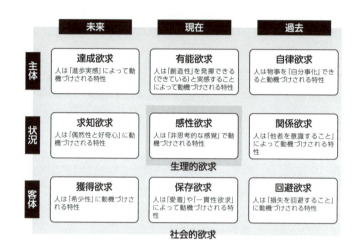

達成欲求へのアプローチ

進歩・進化・進捗といった、前に進んでいる、広がっている、目標に着実に向かっているという進歩実感があるときに、人間は欲求が喚起されます。これを「**達成欲求**」と定義します。言い換えれば、未来になすべき目標に向かって（＝未来）自分自身が進んでいる（＝主体）と実感できるときに「やりたくなる」内発的動機づけがなされます。

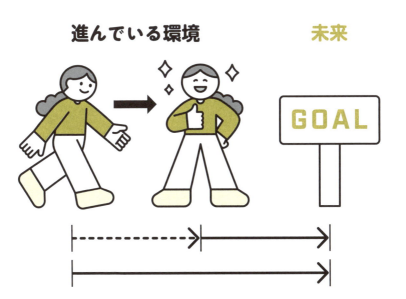

例えば、以下のような体験が挙げられます。

ラジオ体操のスタンプカード

夏休みに実施されるラジオ体操に参加すると毎日1個ずつスタンプを

押してもらえます。結果としてスタンプで台紙を埋めたくて毎日頑張って早起きになります。

歩数計

歩数計を使って毎日健康のために歩いているときに、例えば1日1万歩を歩くことを目標としたとします。その際に歩くたびに1歩ずつ数字が積み上がっていき、目標に向かって近づいていっている感覚があると、あと何歩、と考えながら目標達成まで頑張ることができます。

例を挙げればキリがないですが、この達成欲求が刺激されることで能動的にやりたくなってしまうシーンが生活の中に多々あります。

次に、この達成欲求を喚起するための手法を紹介していきます。

➕ ストックポイント

「ストックポイント」は、人間の行動などに対して、減少することなく理論上無限に累積していくタイプのポイントを与える手法です[*]。ここで言う「ポイント」はお金の価値のある「ポイント」とは異なります。お金の価値がある「ポイント」は、お得になる、安くなるなどの外発的な動機づけで喚起される欲求のため、ゲームフルデザインの考え方からは切り離されます。

心理効果の1つに「アンダーマイニング」という効果があります。内発的な動機づけが喚起されているときに外発的な動機づけ（お金など）を与えてしまうと、本来内発的に動機づけされていた欲求が小さくなってしまう、という効果です。

元々は純粋に楽しいという気持ちでやっていたのに、報酬としてお金をもらえるようになると、お金をもらえなくなった瞬間にやりたくなくなってしまう、という効果です。そのため、内発的な動機づけを図るゲームフルデザインを考えていく上では、お金の価値がある「ポイント」は切り離して考えます。

また、ストックポイントの対義語として「フローポイント」という考え方があります。これは理論上無限に蓄積するのではなく、ためたポイントを消費・交換できる（ポイントが減る）特性をもったポイントの種類です。

　ストックポイントの手法は、これら金銭的価値があるもの、フローポイント、とは異なる手法であることは注意すべき点です。

　ゲームの世界では、例えばレベルアップのための「経験値」などで活用されています。経験値というパラメータは、減少することなくゲームをプレイすればするほどたまっていきます。

> ★ 理論上無限でなくても、十分に道のりが遠い上限に設定されるケースもあります。例えば、レベル100がゲームの中で上限として設定されている場合は、Lv100までに必要な経験値がストックポイントになります。

➕ アチーブメントシンボル

　「アチーブメントシンボル」は、人間が何かを達成したことを称賛するものとして、その実績に応じて、トロフィー・称号などのシンボルを付与する手法です。何かを達成したことによって、達成したことを象徴するフィードバックを得るという仕組み自体で、人間の達成欲求が喚起されます。シンボルを手に入れるための獲得条件達成に向けて取り組む、実際に達成してシンボルがもらえたら次を目指したくなるなど、シンプルな手法ながらも欲求喚起の効果は高く、汎用性の高い手法です。

　ゲームの世界では、例えば特定条件をクリアするとトロフィーがもらえて、そのトロフィーの種類が数十種類に及び、全てのトロフィーを集めるためにやり込むなどの仕組みで活用されています。

➕ 進捗可視化

　「進捗可視化」は、現時点の進捗度合いを表示することで、自分が確実に進歩していることを認識させる手法です。ストックポイントは理論上無限に蓄積し続けるポイントで、アチーブメントシンボルは、特定条

件を達成したときに得られるフィードバックです。進捗可視化は、今時点で対象者が全体の道のりの中でどこにいるのかを可視化しておくことで、見るたびに着実に前に進んでいっていると実感を促し、内発的な動機を喚起する手法です。

　日常生活でこの手法が最も活用されているケースはスタンプカードでしょう。

　例えば10個のマスがあり、お店に行くたびに1つスタンプを押してもらえる、10個全て埋まると特典がある、という仕掛けは見たことがあるかと思います。一見、全て埋めたときの特典のために頑張る、という構造にも見えますが、特典を獲得したいという外発的な欲求のみに依存するわけではありません。きっかけは特典かもしれませんが、毎回スタンプがたまっていくという視覚的な変化だけで、内発的な動機づけが喚起される仕掛けと考えることができます。

　ゲームの世界でも、長時間かけてクリアする内容をステージで分割し、全ステージをクリアすることを目標に、ステージごとにクリアしていく（それを可視化していく）という手法はよく活用されています。

✚ 段階ゴール

　「段階ゴール」は、現在時点から、次に目指すべき目標を段階的に見せる手法です。自分が確実に進歩していることを認識させるという意味では進捗可視化の手法と同じですが、段階ゴールは、あくまで最終的な目標に向かっていく中で、小さなゴールを段階的に設定するということに重きを置いています。

　先のスタンプカードの例を用いると、10個のスタンプ枠を全て埋めるという最終ゴールがある中で、1個ずつ進んでいく実感を得られる進捗可視化に加えて、例えば5個目のスタンプを押したときに小さな特典がある、という工夫が考えられます。進捗が可視化されていても、あまりに遠い道のりではなかなか人間の動機は喚起されません。小さな達成感[*]を繰り返すことで、結果的に最終的なゴールに向かっていくことが

80　　③「ついやり続けたくなる」体験を生み出す習慣UX

できるという仕掛けが効果的です。

　ゲームの世界でも、経験値（ストックポイント）をためて、レベルアップをしていき（進捗可視化）Lv100まで成長させていく、という仕組みがあった場合に、Lv10ごとに新しい技を覚えるなどで段階的なゴールを設定する手法は多く用いられます。いきなりLv100を目指すのではなく、Lv10ずつ小さな達成感を得ながら目標に向かっていく、というやり方が活用されています。

★ 小さな達成感のことをインスタントウィン（Instant-Win）という表現をすることがあります。

➕ 踊り場

　ここまでは、人間が目標に向かった進歩を通じた成長実感の手法でした。「踊り場」は、成長実感をより得やすくなるような仕掛けです。ストックポイントの手法のように理論上無限に蓄積できるポイントを用意して、積み上げることで成長実感を得る手法がある一方で、この「踊り場」の手法は、あえて、進捗の中で定量的なポイント数などの結果をもとに成長を感じるのではなく、実際に実感として成長を感じられる機会を作る手法です。

　人間はこれまでできなかったことができるようになる、これまで難しいと思っていたことが簡単にできるようになる、そんなときに自身の成長を感じることができます。この特性を活かして、定期的に、簡単に達成ができる場所を用意することで、成長実感を得られるようにします。

　例えば勉強の例で言えば、勉強を続けていくと学力のレベルが上がり少しずつ難易度が上がっていくことが一般的です。そんな中、途中途中で、これまでのまとめのようなテストを行うと容易に得点をとることができます。難易度が高くなっていき、問題がなかなか解けず継続する動機が弱まってしまいそうなタイミングは誰しも経験があると思います。そんなときに、ちょうどいい難易度の問題が出てくることで、自分が成長している実感を得られます。結果として、難易度が高くなっていく中でも継続する動機を持ち続けることが期待できます。

✚ 非連続成長

踊り場の手法は、解決できる問題や課題の難易度が上がっていく中で、ちょうどいい難易度の問題や課題を解くことで成長を感じられるようにする手法でした。「**非連続成長**」は、一歩ずつ成長していく過程の成長幅が一定だとマンネリ化してしまい、成長実感を得にくくなる、という人間の感じ方を逆手に取った手法です。

人間は何か行動をするときは必ずどのような効果や結果になるかを予想します。その予想を下回る結果になるとがっかりし、上回る結果になると高い満足度を得られます。一方で予想通りの結果だけを得続けると、感情の振れ幅がなく、いわゆる飽きが生まれます。

そのため、同じ成長幅で常に成長する形ではなく、突然急激な成長幅で成長実感を得られるタイミングを用意することで、利用者が期待していた成長幅を超えるようになり、より高い満足感を得て動機が継続されます。

ゲームの世界でも、通常のレベルアップでは一次関数的な成長に留まる中で「進化」という概念を入れることで急激な成長を得ることができ、高い満足度が得られるような仕掛けはよく使われます。

✚ 相対的進歩表現

人間の成長実感にはここまで紹介してきたような課題を解決している自分という絶対的な感じ方だけではなく、周囲や過去の自分と比較しての相対的な成長実感も存在します。

他の人間や過去の自分などの対象と比較したときに、相対的に自身が成長しているかを実感することで動機づけがなされます。この効果を利用した手法が「**相対的進歩表現**」です。他の手法と組み合わせることでより効果的です。

ゲームの世界でいえば、例えばレースゲームで自身の最高記録のレースの様子を影のように表示して、過去の自分と一緒にレースする、とい

うやり方もこの手法です。また、他のプレイヤーのスコアとの比較（ランキングなど）によって自分の順位の上下を通じて成長を感じられるようにするという手法もよく使用されます。

✚ 進行サポート

進歩実感を得るためには、何を解決しなければいけないのか、どのように解決していくのかを理解をしていることが前提になります。進捗をしていく妨げになる要素がある場合、利用者は何をすればいいのか、どうすればいいのかわからず前に進めず、結果として進歩実感を得ることができません。そのため、進歩実感を得る前提として利用者は何をすべきか、困ったときにどうすればいいのかといった解決手段を得られるようにする手法が重要です。それが「進行サポート」という手法です。ゲームの世界でもチュートリアル*という手法で、ゲームを始めた直後に遊び方やゲームの目的を丁寧に説明するプロセスを用意することが一般的です。非ゲーム領域のサービスでも、利用者が操作に迷いやすいタイミングで使い方のヒントを与えたり、わかりにくい用語のすぐ近くに？マークのボタンを用意して、選択すると補足説明を表示する、などの手法がよく用いられています。

> ★ チュートリアル（Tutorial）は基本的な使い方や操作方法を説明する「初心者用ガイド」を指します。

✚ 機能制限

進め方がわからないなどの進行を妨げる要素を極力減らすことが進歩実感を得るために重要です。進行に悩んだときに解決手段を提供する手法が進行サポートという手法ですが、そもそも進行を妨げる要素を減らすという考え方がこの「機能制限」という手法です。

デジタルサービスはその利便性や機能性を高めるために、さまざまな機能を用意することが一般的です。もちろん、機能性はそのサービスの

基本的な価値とも言えるものであり、サービスに多くの機能が盛り込まれることは自然です。一方で、初めてそのサービスを利用する人にとっては、いきなり豊富な機能が用意されても何をどうすればいいのか迷ってしまう要因にもなります。

　そこで、さまざまな機能性を実装しつつも利用初期のユーザーに対しては一部機能の利用を制限し、特定の条件（成熟度など）を満たした際に利用を可能とする手法が効果的です。この手法の秀逸な部分は、初期利用者の成長を阻む要素を取り除きつつサービス全体の機能性は担保するという目的を果たす手法でありつつも、同時に、制限された機能を解放するということ自体が成長実感（機能が使えるようになる＝特定条件を達成した）ことにもつながるという、複数の効果が期待できる点です。

　ゲームの世界でもレベルに応じた装備やマップを用意するなど、当たり前のようにこの手法が活用されています。

✚ 緊張の緩和

　ここまで、成長実感を得られるフィードバックの仕方、成長実感を得られるステップの作り方、成長を阻害する要素の解消などの、直線的に成長をし続ける前提での手法を紹介してきました。一方で、本書でも度々紹介している通り、人間は必ずしも合理的ではありません。常に成長を求め続けられるとどうしても精神的に疲弊してしまったり、マンネリ化してしまいます。

　上級者向けの手法ではありますが「緊張の緩和」という手法は、成長をし続けるという緊張状態の中で、リラックスさせる場面を意図的に用意することで、成長実感を継続して得られるようにする手法です。

　ゲームの世界でも、シリアスなコンテンツの一部に、ユーモアやカジュアルな雰囲気を感じられる要素をちりばめる手法が活用されています。

✚ 達成演出

「達成演出」は、他の要素と併用するケースが非常に多い、基本中の基本となる手法です。

ここまでの説明の通り、人間は成長実感をスコアなどの定量的なフィードバックや、何かができるようになったというような定性的なフィードバックを通じて得ていきます。どのようなフィードバックを与えていくのか、進歩を妨げないようにするかという手法が基本的な考え方です。達成演出という手法は、これらのフィードバック時に、その達成感をより感じられるような五感に訴える表現を行うことでより達成感を感じられるように促す、効果的な手法です。

ビジュアル的に派手なアニメーションを表示したり、特殊な効果音を流すなど、多くのゲームをはじめとするエンタテインメントで活用されています。

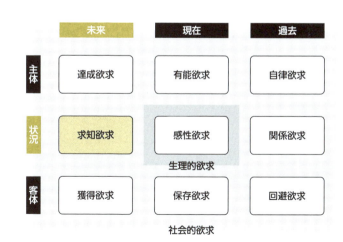

偶然性の高いものについ夢中になってしまう、どういう結果になるのか試してみたくなる、自分の知らないことに対して知りたくなってしまうといった、偶然性・好奇心によって人間は行動を喚起されます。知らないことを知りたくなる、確かめたくなるという根源的な欲求がある前提で人間を捉えます。これを「求知欲求」と定義します。

　言い換えると、未来に何が起こるかわからない（＝未来）という環境（＝状況）に置かれると、知りたくなる、確かめたくなるという内発的動機づけがなされます。

　金銭的価値が大きくなる偶然性の高い仕掛けは射幸性＊が高く、ギャンブル依存症という病気が存在するように、非常に強い動機づけになります。おそらく偶然性という説明を聞いて、読者の皆さんも最初にギャンブルを思い浮かべたのではないでしょうか。競馬や宝くじなど、偶然性の高い遊びは古くから親しまれています。ゲームフルデザインの考え方では、このような金銭的価値にはフォーカスせずに、偶然性や好奇心という人間を動かす欲求のみを切り取った仕掛けを考えていきます。確率次第であたるかどうかわからず、ドキドキするといった体験は誰しも経験があるのではないでしょうか。

　＊　射幸性：ギャンブル性とも言い換えることができ、努力によらず偶然によって利益などを得ることができる要素を指します。

わからないものが存在する状況

開けたら何が入っているかわかる未来

例えば、次のような体験が挙げられます。

席替え

学生時代、定期的に席替えというイベントがあった方も多いのではないでしょうか。ただ席次が変わるだけなのに、次はどの席になるのか、誰の近くになるのか、といったことだけでワクワク・ドキドキといった感情があった方もいらっしゃるのではないでしょうか。これも、純粋な好奇心や偶然性によって内発的動機づけがなされる一例です。

福袋

年始の風物詩に福袋の文化があります。最近は中身がわかっているものも一般的になってきましたが、元々は中身に何が入っているかわからないが、お得であることは間違いないという前提で販売されていました。中身はわからないが、実際に買ってみて中身を見て一喜一憂する、という好奇心や偶然性に基づく楽しみ方がベースにあると考えられます。

それでは、この求知欲求を喚起するための手法を紹介していきます。

✚ 不確実性トッピング

心理学の世界では、「部分強化効果」（間欠強化）と呼ばれる心理効果があります。継続的な動作を行う中で、毎回強い刺激を得られるよりも、時々強い刺激を得られるほうが継続的な動機づけに効果が高いというものです。教育における「アメとムチ」、恋愛における「じらし」「駆け引き」などは、この心理効果が影響していると考えられます。瞬間的な動機づけには強い刺激が連続するほうが効果的ではあるものの、継続的な動機づけにはこういった時々与えられる強い刺激のほうが効果的です。

人間は、予定調和な出来事が続くと次の展開が予想できてしまい、飽きてしまうとも言えます。「不確実性トッピング」という手法は、原則的に結果のパターンが決まっている中で（ある程度利用者が結果を予測

できる中で）まれに異なる結果が訪れるように設定する手法です。

　不確実性を少し加えることで、利用者の動機が長期間継続するように促すことができます。

✚ 外部環境インタラクション

　システム的にサービス提供者側が利用者に対して偶然性を提供する形だけではなく、対象者のコントロール外にある事象も利用者にとっては偶然性をもたらすものになります。「**外部環境インタラクション**」は、他利用者の行動など利用者がコントロールできない外部環境によって結果を偶発的に変化させるという手法です。ゲームの仕組みはまさにこの手法がベースとなっていることが多く、対戦ゲームなど、相手がどう動くかによって利用者にとっては予期できない事象が発生します。それによって何が起こるかわからない、予想する、という楽しさが生まれます。利用者にとってコントロールできない外部環境による結果を反映させるという非常にシンプルな手法です。

✚ イースターエッグ

　イースターとは、毎年春の季節に開催される、十字架にかけられて亡くなったイエス・キリストが、3日後に復活したことを祝う復活祭です。

　そのお祭りの中で行われる「エッグハント」と呼ばれる、隠された卵をみんなで探し出すという遊びがあります。この「**イースターエッグ**」という手法は、まさにこの発見の楽しさから定義しています。具体的には、利用者が予期しないタイミングで利用者にとってポジティブな感情となるフィードバックを発生させる手法です。

　不確実性トッピングは、ある程度結果のパターンが予想される中で、時々予想を裏切るという手法でしたが、イースターエッグは、利用者が結末を予想する段階の前に突然サプライズを与えるという手法です。サービス利用の序盤などにこのような偶然性の高いポジティブな体験をする

ことで、利用者は同様の偶然的サプライズを常にどこかで期待すること
になり、継続的な動機づけにつながっていきます。

　ここからは、偶然性を訴求する動機づけの手法をいくつか紹介してい
きます。くじ引きや抽選システムなど、ゲームの分野でもかなり細かく
分類されており、手法として1つにまとめずに細かく手法を分類して紹
介します。

➕ おまけくじ

　くじ引きと聞くと、くじを引く権利を使って、あたりとはずれがラン
ダムに決まる、という形をイメージされるかと思います。ただ、この手
法だとせっかくくじを引く権利を手に入れたのに、はずれを引いた際に
何も手に入らない、失望感が強く喚起されます。

　「おまけくじ」は、ある行動に対して固定報酬は確定で受け取ること
ができ、おまけ的に別の報酬がランダムで手に入る手法です。固定報酬
が手に入った上でおまけがついてくる、という必然性＋偶然性を組み合
わせたアプローチによってはずれたときの失望感だけが喚起されること
を最小にし、あたったときのプラスの感情を強く喚起させることができ
ます。

➕ オープン懸賞

　ランダムな事象に対して動機づけされるときの人間の心理は、発生確
率とリターンの大きさで構成されます。発生確率が低くてリターンが少
なければ動機づけは小さく、発生確率が高くてリターンが大きければ当
然動機づけは大きくなります。

　ビヘイビアデザインの観点で言えば、強い行動喚起を促すことができ
る仕様とすることが望ましいですが、発生確率が高くリターンも大きく
するということは、利用者へのあたりの報酬をたくさん用意する必要が

あり、実行性に欠けるケースが多いです。そういうときに、発生確率が低くリターンを大きくするか、発生確率が高くリターンを小さくするかの2択から選択することになります（両方とも報酬の総量は変わりません[*1]）。

この場合、人は主観的には低い確率を起こりやすく、高い確率を起こりにくいと考える傾向があるため[*2]、発生確率が低くリターンが大きい選択肢を魅力に感じやすくなります。この効果を利用した手法が「**オープン懸賞**」です。

誰でも参加できる、リターンが大きく発生確率が低い懸賞機会を用意するほうが、より強い動機づけを促すことができます。例えば、1%で10000ポイントと、50%で200ポイントとを比較すると、配布するポイント総量は変わらないが、前者のほうが高い動機づけが促せると考えることができます。

[*1] 10%の確率で1000ポイントもらえる、と50%で200ポイントもらえるという2択があった際に、配布するポイントの総量期待値は10%×1000ポイント＝100ポイント、50%×200ポイント＝100ポイントで同じになります。

[*2] リスクと報酬の選択の傾向を示す「プロスペクト理論」という研究があり、その中で、人は小さい確率をより過大評価し、大きい確率を過小評価するとされています。例えば、宝くじを購入することや病気になるリスクを過小評価してしまうといったことが当てはまります。
参考：「ファイナンス用語集」（みずほ証券×一橋大学大学院経営管理研究科）
https://glossary.mizuho-sc.com/

✚ ランダム報酬

「**ランダム報酬**」は、ソーシャルゲームの世界で多く用いられている手法です。特定の行動や投資に対して提供される結果が、あらかじめ定められた可能性の中から、ランダムに決定される機会を作る手法です。ソーシャルゲームでは、抽選システムなどでゲーム内通貨を投資して、排出確率が異なるキャラクターのうちどれかが排出される、という形でよく用いられます。

偶然性を通じた動機づけの中では最もシンプルな手法で、汎用性も高いためさまざまなシーンでの活用が期待できます。

ランダム増減

「ランダム増減」は、他の欲求とも関わる複合的な手法です。ここまで紹介してきた、1回の偶然性によって行動を促す形ではなく、ポイントなどのサービス内で提供される架空の資産を、ランダムに増減させる機会を提供する手法です。

ゲームの世界で言うと、例えばゲームセンターにあるメダルゲームが一例として挙げられます。利用者が所有するメダルをさまざまなゲームを通じて増やしたり減らしたりすることで継続的な利用を促しています。ポイントのような資産を偶然性で増減させる際に、資産を消費してほしい、という背景であれば報酬の機械割*は100%未満に設定し、この資産を増やしてほしいという背景であれば、報酬の機械割を100%以上に設定する形が原則です。

> ★ 本書では便宜上、機械割＝（得られる報酬×発生確率）の総和/投資額で計算しています。例えば、サイコロの出目に応じてポイントが得られるというルールがあった際に（1が出れば1ポイント、6が出れば6ポイント）どの出目も1/6で出現します。したがって、1×1/6＋2×1/6＋3×1/6＋4×1/6＋5×1/6＋6×1/6＝7/2＝3.5が1回サイコロを振った際に期待できるポイント数です。なので、1回サイコロを振るときに3ポイント必要な場合は3.5/3＞100%で機械割はプラス（100%を超過）になります。4ポイント必要な場合3.5/4＜100%で機械割はマイナス（100%を下回る）になります。

ここまでは利用者の行動に対するランダムな報酬という、報酬の付与の仕方、偶然性の設定の仕方について紹介をしてきました。ここからは行動そのものの偶然性や、偶然性の表現の仕方といった演出面に焦点を当てた手法を紹介していきます。

期待値超過設定

「期待値超過設定」は、偶然性と満足度のバランスを最大化するための方法です。ランダム増減の手法で紹介した期待値の考え方は、具体的な確率と報酬が明確に定まっている状況での考え方でした。期待値超過設定は、もう少し人間の感覚的な側面に着目した手法です。

人間はランダムな結果を求めて行動を行う際に、期待値を意識的か無意識かを問わずに想定します。10%の確率であたる、と言われた際はなかなかあたらないものだと期待値を想定しますし、人によっては70%の確率であたると言われた際は、あたりそうだと期待値を想定します。そしてその各々の想定を超えた結果となったときに満足度が高まる、そういう性質を持ちます。

　10%の確率であれば基本はあたらないという期待値のためあたった際の満足度はより高く、70%の確率であれば基本あたりそうという期待値のためあたらなかった際の満足度はより低くなります。確率を活用した手法である以上、当然あたる人、はずれる人が出てしまいますが、可能な限り満足度を高めていくための手法がこの期待値超過設定という手法です。

　期待値の考え方を踏まえて、ある出来事に対して利用者が直感的に見積もる確率よりも、良い出来事はより起こりやすく、悪い出来事はより起こりにくくなるように、実際の確率を設定します。この考え方を持った上で確率を活用すると、より効果的に全体の満足度を向上させることが期待できます。

　少々イメージがしにくい考え方ではあるので、具体的なイメージを交えて紹介します。

　例えばゲームの世界で「まれに」レアなアイテムが手に入ります、という訴求があった場合、個人差はあるものの「まれに」は数％程度かなと想像する方が多いのではないでしょうか。これは、ほぼあたらないなという期待値になります。このときに実際の確率を「まれに」＝10%と設定していた場合はどうなるでしょう。ほぼあたらないだろうという想定していた確率を超過してあたります。結果として、期待値を超過し満足度が高まることにつながります。

　本手法を活用できるシーンの汎用性はそこまで高くありませんが、定性的に発生確率を表現できるシーンであれば、活用できる手法ではあるので、是非頭の片隅に入れて置いていただければと思います[*]。

★ ダークパターンとして、10%あたると定量的に明示的に伝えた上で実際は1%あたるという
手法は表示上の嘘になりますのでNGです。また、明らかにあたる確率が高そうと誤認する
イラストなどで伝えた上で、実際のあたりの確率は低いという手法も同様にNGです。

＋ ランダムビジュアライズ

「ランダムビジュアライズ」は偶然性の表現方法に関する手法です。ここまでの偶然性の体験の作り方の手法を活用した上で、見せ方をどうするかという観点での手法です。

偶然性を活用する場合、明確に排出確率を明示しない限り結果がランダムであること、ということは非常にわかりにくいです。わかりにくい、ということは求知欲求を喚起できない＝利用されない可能性ということになり機会損失につながります。そのため、結果に偶然性がある場合は、ビジュアル的にも偶然性があることを想起できるわかりやすいモチーフを活用します。

例えば、抽選システムやルーレットやカードめくりなど、誰もが偶然性を想起できる典型的なモチーフが用いられています。

本項残り2つは人間の好奇心を喚起する手法です。

＋ イベントフラグ

「イベントフラグ」は、情報を全て開示する形ではなく「何かがある／起こる」ということだけを、内容を伏せた上で伝えることで好奇心を刺激し、詳細を知りたくなり行動が促されることを狙う手法です。広くこの手法は活用されており、ゲームの世界で言えば、ロールプレイングゲームの世界で街の住民の頭の上に「！（ビックリマーク）」が表示されていて、話しかけてみようと動機づけさせるという形で用いられていますし、非ゲームの世界においても、未読のお知らせがあるときに「①」という表示をすることで、詳細を見ることで「何かが起こる」ということを期待させる形で用いられています。

情報を一目で全て見られるようにはせず、部分的な視覚的表示によって行動を促す手法が効果的です。

➕ マルチシナリオ

人間は何が起こるかわからないことに興味を持ち、好奇心が刺激されます。利用者の行動や選択によって段階的に結果が分岐することで、より結果を知りたいという好奇心が喚起され、強い動機づけがなされます。

ゲームの世界であれば、例えば育成ゲームにおいて自分の行動によってどのようなキャラクターに変化していくのかわからない、という手法も王道的なアプローチです。「マルチシナリオ」は、このように自分の行動によって結果が変わり、どのような結果になるかを想像させる余白を用意することで、当該行動の動機づけを促し、繰り返し利用していく動機づけにもつながる効果的な手法です。

獲得欲求へのアプローチ

珍しいものがあるとつい欲しくなってしまう、手に入れたくなってしまうといった、希少性（レアリティ）によって人間は行動を喚起されます。合理的に考えて自分に必要であるから手に入れたいということに限らず、単に希少性が高いと感じられたときに行動が喚起される人間の不合理な特性による欲求を「獲得欲求」と定義します。

　言い換えると、まだ手に入れていない（＝未来）希少性が高いと感じられるモノ（＝客体）があると、欲しくなる、手に入れたくなるという内発的動機づけがなされます。

　人間には、手に入りづらいものは通常よりも価値が高いと感じ、実際には希少ではないものでも欲しくなってしまうという心理的な特性[*]があり、それが不合理な行動につながっています。

　本当にその人にとって重要で必要なもので、かつ本当に希少性の高いものが欲しくなるという事象は、外発的動機づけで促される物質的欲求に基づくため、ゲームフルデザインの立場としては、対象としません。ゲームフルデザインの考え方は、この希少性に行動が喚起される特性を用いて、希少だと感じさせる手法にフォーカスします。実際は、希少かどうかは重要ではなく、希少と感じるかどうかが重要であるという点でユニークなアプローチとなります。

* 希少性の原理ともいわれます。

例えば、身の回りの事象で言うと次のような体験をしたことはないでしょうか。

●●市にお住まいの30代男性限定などの広告

対象者が絞られている広告をご覧になったことはありませんか。対象を絞ることで、一部の人しか便益を得られないように感じられ、特別感を感じ、興味が喚起されてしまう、と考えられます。

飲食店の行列

飲食店の前で行列を見かけると、そこの飲食店は人気でとても美味しいお店だろうという印象を持ちませんか。もちろん実際にそこまで顧客が行列をなしているので美味しいのは間違いないとは思いますが、行列を見るだけで食べてみたくなってしまうという感情が喚起されるのは、この獲得欲求から喚起されていると考えられます。

それでは、この獲得欲求を喚起するための手法を紹介していきます。

✚ レアリティ定義

「レアリティ定義」は、エンタテインメント、特にゲーム領域では当たり前のように活用されている手法です。利用者が手に入れることができるアイテムやキャラクターなどにレアリティを感じさせるラベルを設定する手法です。例えば、ノーマルカード、レアカード、スーパーレアカードなどです。このラベルがなかったとしても、それぞれのアイテムやキャラクターの有用性を1つずつ比較すればどれが自分にとって必要なものなのかということを理解することはできます。しかしラベルがあることで、希少性が高いように感じられるもの（例えばスーパーレアカード）はそれだけで有用なものと感じてしまいます。

実際にそのサービスの中での希少性に忠実である必要はなく、複数のラベルを設定することで希少性が高いものを欲しくなってしまうという

人間の特性を活用した手法です。このラベルが利用者の中で認識されると、実際の希少性とは関係なく獲得欲求が強く喚起されます。

　例えば、雑誌にスーパーレアのキャラクターカードが付録としてついている、というと、実際は雑誌を購入した人は全員入手できる（希少性がない）にもかかわらず、手に入れたい欲求が喚起され、結果として雑誌の購買が促進される、という事象が実際に起こります。

✚ レアリティビジュアライズ

　前項はラベルのつけ方という、言語的な表現でのアプローチでした。「レアリティビジュアライズ」は、非言語的な表現で希少性を感じさせる手法です。例えばトレーディングカードなどで、一部のカードは金色になっていたり、キラキラ光っているものがあります。これは、見た瞬間に珍しさを感じさせ獲得欲求を喚起します。ノーマルなカードは光っていない、レアは金色、スーパーレアはキラキラしているなど、レアリティ定義と合わせてビジュアルでも表現を区別することで、より上位のレアリティの希少性が高いと感じさせることができ、強い行動喚起を促すことができます。

　その他にも例えば、通常丸の形をしたキャンディーが入っている袋の中に時々星の形をしたキャンディーが入っている、というのもレアリティビジュアライズの手法です。味が異なるなどの機能的な差があるわけではないのに、見た目が異なるだけで希少性を感じ特別感を感じることができ、ソーシャルネットワークサービスで友人にシェアをするなどの行動を喚起させることができます。

✚ ニンジンぶら下げ

　パッと見た瞬間に希少性がわからないものに対して、希少性のラベル・ビジュアルを付加するレアリティ定義、レアリティビジュアライズといった、レアリティを明示的に表現する手法をここまで紹介しました。

「**ニンジンぶら下げ**」は、希少性が高いものが対象のときに、何度も
それを見せることで獲得欲求を喚起させる手法です。

　例えば、キャンペーンで豪華景品を何度も表示することで、目玉商品
が欲しくなるといった単純接触効果[*]の手法は多く用いられます。

　ゲームの世界であれば、ロールプレイングゲームなどで、なかなか手
に入らない高額なアイテムが武器屋で常に設置されており、なかなか手
に入らないことを常に認識することで欲しくなってしまうという手法は
よく用いられます。実際にそのアイテムが有用かどうかは別として、な
かなか手に入らないものだとわかっているからこそ欲しいと欲求を喚起
して、行動を促しています。

　希少性を表現する手法をここまで紹介してきましたが、ここからは対
象者を絞り込むことで希少性を感じさせる手法をいくつか紹介していき
ます。

> [*] ザイオンス効果とも呼ばれ、刺激に対する繰り返しの接触が、その刺激に対する好意度を上
> 昇させる現象を指します。

✚ 手法制限

　「**手法制限**」は、モノや機会の入手条件に特定の行為を設定することで、
その行為を行わないと手に入れることはできない（＝希少性が高い）と
感じさせる手法です。この手法は多くの場面で利用されています。例え
ば地域限定の味のスナック菓子などもこの手法を活用しています。その
地域に行かないと買うことができないという、入手方法を制限すること
で希少性を感じやすくし、欲しくなるという欲求を喚起します。

　その他にも、年間●回購入しないと手に入らないグッズを用意するな
どもよく用いられます。手に入れるためには何度も購入をしないといけ
ない労力が必要ということで、希少性を感じさせ獲得欲求を喚起します。

➕ 属性制限

　入手方法を制限する形を紹介しましたが、「属性制限」はモノや機会を享受できる利用者の属性（年齢や性別などのプロフィール）を限定する手法です。先の例でも紹介しましたが●●市にお住まいの30代男性限定、という訴求をすることで、限られた人にしか恩恵が得られないと希少性を感じさせ獲得欲求を喚起します[*]。

> ★ 実際に希少性が高いかどうかは関係がないため、20代男性限定バージョン、40代男性限定バージョン、など対象者によって訴求内容を変えて訴求し、実質的には広い対象者にキャンペーンの訴求をする手法も考えられます。

➕ 確率的制限

　「確率的制限」は、実際に確率を低く設定することで、獲得できるかを運に依存させる手法です。求知欲求とも関連性が高く、同時に用いられることが多い手法です。偶然性の作り方は求知欲求の手法を活用し、その確率的制限から獲得欲求が高まりより強い行動欲求が喚起されます。

➕ タイミング制限

　「タイミング制限」は、手に入れることができるタイミングを制限することで希少性を高める手法です。タイミングが合えば全員が手に入れられる場合であっても、タイミングが制限されることで対象者は特別感を得ることができ、結果的に希少性を感じます。

　古くからよく用いられる手法としては、タイムセールがあります。その時間だけ割引がなされるという手法ですが、実際にどの程度割引されるのか（お得か）ということは問わず、この時間のみ限定です、という訴求だけで希少性が高いように感じ、会場に足を運ぶという行動が喚起されます。

　ここまで、希少性を感じさせる表現手法、便益を得られる対象を制限

する手法を紹介してきました。ここからは手に入れられる対象が有限であることを訴求することで希少性を感じさせる手法を紹介していきます。

➕ 獲得可能数制限

「獲得可能数制限」は、獲得できる回数に上限を設けることで希少性を感じさせ、獲得欲求を喚起させる手法です。例えば、1人2個まで購入可能、といった訴求の仕方は古くから存在します。もちろん、実際に在庫の問題でそのような訴求となっているケースは当然ありますが、実際の在庫数に関係なく、獲得可能数が制限されていることの訴求で、希少性を感じさせ、獲得欲求を強く喚起させます。

➕ 供給制限

獲得可能数制限とアプローチは非常に似ています。利用者が得られる便益数に制限があることを訴求する手法が獲得可能数制限ですが、「供給制限」は、残り●個、といった訴求によって在庫数に制限があることを直接的に表現することで希少性を感じさせる手法です。

➕ 需要アピール

実際の獲得可能数や供給数に制約があり、それを訴求することで希少性を感じさせる手法を紹介してきましたが、「需要アピール」は、自分以外の利用者がどれだけ利用しようとしているか、という需要の大きさを訴求することで、希少性を感じさせる手法です。

ホテルの予約サイトなどで、今●人が見ていますなどの表示をする手法はよく用いられていますが、まさにこの需要アピールという手法です。需要アピールの望ましい活用方法ではなくアンチパターンではありますが、古くから「サクラ」という手法は非常に効果的だと多く用いられていました。対象のサービスを使っている人を意図的に増やしているよう

100 ③ 「ついやり続けたくなる」体験を生み出す習慣UX

に見せて、需要が大きいことを演出することで希少性を感じさせる手法です。

ダウンタイム

人間は、いつでもできることがわかっていると、今行動するという動機が弱くなります（後でもいいやなど）。「ダウンタイム」は、その特性を活用し、あえて特定の行動を連続で行えないようにし、強制的に待ち時間を発生させることでその行動そのものに対して希少性を感じさせ獲得欲求を喚起させる手法です。

ソーシャルゲームの世界では、クエストをプレイするときにゲーム内でスタミナを消費し、そのスタミナは時間とともに回復する、という手法が多く用いられます[*]。このダウンタイムの手法により、クエストをプレイするということ自体に希少性を感じさせることができます。クエストをプレイすること自体に希少性を感じるため、時間を待てば回復するスタミナを、一瞬で回復させるために課金という選択肢が機能します。

すなわち、待ち時間を用意することで、その行動自体に価値を生み出すという手法です。

> [*] ゲームの中でステージのようなものがあり（クエスト）、そのステージに挑戦するために時間で回復する体力（スタミナ）が必要という仕様のゲームが多く存在します。1回ステージにチャレンジするために体力が1必要で、体力を1回復するためには現実世界で1時間待つ必要がある、というような仕様で、何度も連続で挑戦することができないようになっています。

　自己有能感、自己効力感などさまざまな表現がありますが、自らの創造性を発揮できる（できている）と感じられるときに、強い動機づけが生まれる欲求を「**有能欲求**」と定義します。

　言い換えると、今この瞬間に（＝現在）自分自身が創造性を発揮できていると感じられる（＝主体）と、もっとやりたいと内発的動機づけがなされます。

　創造性にはアート的な自己表現だけではなく、自身の選択によってより良い結果を生み出すという戦略的な自己表現も含みます。

　誰しも人間は、認められたいものです。もちろん他者に認められることでの動機づけもありますが、有能欲求は、どちらかというと自分で自分自身の能力や創造性を発揮できていると感じられるようにすることでの動機づけを取り扱います。

　有能欲求は、ダニエル・ピンク氏が提唱するモチベーション3.0（内発的動機づけ）の考え方からも解釈することができます。モチベーション3.0は以下3つの要素で構成されていると定義されています。

- 自律性：課題解決のために必要な行動を自身で主体的に決定し取り組めること
- 熟達　：自身の目標達成に向けて努力を重ねること
- 目的　：社会やチームへの貢献、組織の成長など利他的なもののこと

　有能欲求はまさにこの自律性と熟達に通じており、自身が主体的に決定し取り組んで目標達成に向けて熟達していく、という部分で強く動機づけされる欲求です。

　以下のような経験をしたことがある方も多いのではないでしょうか。

ファッションのコーディネート

　複数のアイテムを組み合わせて最適なファッションを試行錯誤して決定していく、そしてそのプロセス自体に夢中になる行動もこの有能欲求がベースとなっています。

いつでも使えるが、1回しか使えないクーポン

　使い時は利用者に委ねられ、どの買い物のときに使用するかの自由度が存在するクーポンもよく用いられます。このクーポンも有能欲求に対するアプローチで、最大効果を発揮したいと思考を促すことでより使いたくなるという意味で非常に効果的です。

　それでは、この有能欲求を喚起するための手法を紹介していきます。

✚ ルール明示

　「ルール明示」は、有能欲求に対してアプローチするための前提条件となる手法です。自らの創造性・有能感を感じるためには、ルール（決まり）が必要です。そのルールの中で自分が効果的に行動できているかどうかで、人間は有能欲求を刺激されます。ゲームを、制約条件×勝利条件×相互性と定義したように、ゲームが持つ有能欲求を刺激する手法を活用するためには、このルールは必須要件となります。

　まずは、このルールを明確に定義することが重要です。その上で、ルールが設定されていても利用者が理解できなければ、自らの創造性や能力を発揮してもそれがいいのか悪いのかが判断できないため、わかりやすく利用者に伝え理解してもらうという「明示」も非常に重要です。

　また、ここで言うルールはゲームのような、グーチョキパーでグーはチョキより強く、チョキはパーより強く、パーはグーより強く、同じ手が出たときはやり直し（じゃんけん）のようなルールだけに限りません。例えば、●月●日に文化祭が開催されるので、その日までに各クラス予算1万円以内に催し物を準備して多くの来場者が楽しんでもらうものを作ってください、というのもルールです。極端な話、ここで開催日や予算といった制約条件がなければ、何をしていいのか、悪いのかの判断がつかず、自身の能力を発揮できる領域が曖昧になってしまいます。

✚ サンドボックス

「サンドボックス」は、自身の能力を何度も試してみる、訓練をすることができる場所を用意する手法です。

例えば、投資の領域で、実際にお金を使わずに何度もシミュレーションを通じて学べるサービスはこの手法を活用しています。いきなり実際のお金を使ってしまうと、実際に使えるお金に限度はあるので、何度も試したり訓練したりということは難しくなります。一方で仮想のお金を用いることで、自分なりにいろいろと試してみた上で本番に臨むことができるようになり、結果として有能欲求が喚起されます。

また、訓練・シミュレーションという手法の他にも、失敗しても簡単に元に戻せる仕組みもこのサンドボックスの手法です。

パソコンのキーボードのCtrl+Z（元に戻す）ショートカットを使われる方は多いのではないでしょうか（デスクワークにはほぼ必須のショートカットです）。これも本番環境でいろいろと資料を作っていく中で元に戻せるというアクションを用意することでさまざまな試行錯誤をすることができ結果的に有能欲求を喚起します。

✚ あそび

「あそび」は、ゲームやデジタルサービスでは多く活用されている手法です。ここで言うあそびとは、遊戯という意味での遊びではなく、余白という意味での「あそび」です。サービス提供側が意図して提供する形ではなく、利用者が自らサービスの余白を活用して自分たちでより良い使い方を生み出していくことで有能欲求が喚起されます。

ある意味、攻略要素を許容するとも言うことができます[*]。ただし、この手法自体は説明にある通りサービス提供側が意図して提供するものではなく、使われ方まで細かく意図して設計することはできません。あくまで余白を用意しておくことで、利用者に自由にその余白を活用してもらう、という手法です。

例えば、チャットツールでニックネームの入力欄を長めの文字列を入力できるようにしておくことで、利用者は「●月●日は早退です」などをニックネーム欄に併記する使い方を生み出していく、といった使われ方が想定されます。

★ ルール違反で有利に進めようとするいわゆるチート的な要素とは異なります。

➕ 複数最適解

算数の計算など、絶対的な正解を用意してしまうと、結局その正解を導けばよい、という形になります。これ自体も思考のプロセスとして有能感を感じることができますが、「複数最適解」はより有能欲求を高く喚起するために、絶対的な正解が存在しないようにすることで、利用者に正解を模索・選択させるという行動につなげる手法です。状況や環境などによって取るべき戦略やアウトプットが異なるような設計とすることで、より有能欲求を刺激します。ゲームの世界で言えば将棋やチェスはまさにこの手法で、誰もが必ず勝つことができる絶対的な正解はありません。必ずしも正解が1つじゃないからこそ、利用者は正解を模索し夢中になっていきます。

ソーシャルネットワークサービスに夢中になる心理の1つはまさにこの欲求を喚起していると考えられます。●●をすれば必ずイイネがたくさんつく、バズるなどの絶対的な正解は存在しません。ただし、こういう投稿をすればバズりやすいという方法論はインターネット上にたくさん存在しています。こういった数ある手法の中から自分でどの手法を選択するかを決定するというプロセスそのものが有能欲求を喚起します。

➕ トレードオフ

利用者がサービス内で行動をするときは何らかのメリット・リターンのために行動します。この「トレードオフ」という手法は、このメリット・リターンを得るために何らかのデメリットを受け入れる必要がある

という制約条件を設けることで有能欲求を喚起する手法です。

ある行動をすれば特定のリターンが得られるだけであれば、そこには支払う対価やリスクがなく、単なる作業となります。この作業ではどうしても有能欲求を強く喚起することは困難です。

そこで、リスクをあえて利用者に訴求することで、そのリスクを取るか取らないかという選択権を利用者に与えることで、選択した際の有能感をより高めていきます。

ゲームの世界でも、非常に強い必殺技があるが、この必殺技を使うとしばらく他の行動ができなくなるなどの手法は多く活用されています。古くからあるゲームでは、ダブルアップチャレンジなどもこの手法を活用しています。特定のポイントを入手した後に、2倍になるかゼロになるかの2択から選択する、というゲームです。これも、ゼロになるリスクを許容して2倍のリターンにチャレンジをするかどうかの選択権を利用者に与えます。

非ゲームの領域で言うと、ジャンク品や訳アリ品などはまさにこの選択権を利用者に委ねた優れた手法です。リスクを受け入れてリターンを期待するか、という行動の選択を促すことで意思決定をしている自分という有能感を得ることができ、その行動に夢中になっていきます。

➕ 組み合わせシステム

「組み合わせシステム」は、冒頭のファッションの事例で紹介した手法です。要素の組み合わせを利用者が任意で選ぶことにより、異なる結果が得られるようにすることで創造性の発揮を感じさせ有能欲求を喚起します。

利用者に対して複数の要素を提供し、その要素を組み合わせて異なる結果が生まれるようにすることで、複数選択肢から自身で選んでいくという体験を提供することができ、結果として有能感を喚起することができます。ゲームの世界では例えばロールプレイングゲームでパーティ編成の要素を入れる、といった形でこの組み合わせシステムを用いていま

す。ただし、この手法を用いる際には注意点があり、全ての組み合わせをゼロから組み立てていくことは心理的／時間的負荷が大きくなるため、そもそも着手しない、という選択をされる可能性が高くなります。そのためこの手法を活用する際は、おまかせ設定やデフォルト設定といった自動的に結果が生まれる要素も盛り込むことが重要です。先のファッションの例で言えば、店内にあるマネキンがトータルコーディネートされたファッションをしている＝この組み合わせがおしゃれである＝この組み合わせをベースにして部分的に変更をしてみる、といった手法が多く用いられています。

✚ ブースター

この「ブースター」という手法もゲームの領域では非常に多く用いられています。また、ゲーム以外の領域でも非常に応用しやすく、さまざまなシーンで用いられています。本項の冒頭でも紹介した、1回だけ使えるクーポンもまさにこの例です。

使用することで一時的に高い効果を得られるアイテムを利用者に提供する手法で、利用者は使いどころを工夫することを通して自らの創造性を実感することができます。

ゲームの領域では、一定期間だけ無敵になれるアイテムや、クリアできなかったときにリトライができるアイテムなど幅広く用いられています。ここで大事なのは、当たり前ですが、そのアイテムを使用するとそのアイテムがなくなってしまうことが大事です。ここぞという場面で使うからこそそのアイテムに価値を感じ、どこで使うかに戦略性があり有能感を喚起することができます。

✚ 自律的選択

「自律的選択」は、ここまでの具体的な手法と比較すると少々抽象的な手法となりますが、考え方としても非常に重要な手法です。

説明してきた通り有能欲求は、必ずしも実際に有能である必要はありません。あくまで、利用者自身が自身で選択した、いい選択ができた、自身の創造性を発揮できていると感じることが重要です。

　自律的選択は、介入性という表現もしますが、自身が選択を行うことで有能欲求を満たす手法です。自身が労力をかけて能力を発揮している感覚が強ければ強いほど、そこで得られる有能感は大きくなります。

　例えば、実際ははずれのない（けれど種類は異なる）クーポン3種類が宝箱に入っている（中が見えない）状態で、利用者に3つのうち1つを選択させる、という手法も非常に効果的です。冷静に考えれば、あくまで何があたるかは確率で決まるため、誰がどのように選択しても確率通りに結果は得られます。ただ、ここに利用者が選ぶ、という介入性を追加することで、自分が選択した感覚を得ることができ、結果に対していい選択ができたと感じることができます。それは結果として有能感につながり、そのサービスに対しての満足度向上にもつながります。

ショーケース

　「ショーケース」は自身のアウトプットによって有能感を感じるケースで有効な手法です。自身の中でよくできたと満足できるケースもありますが、他人と比較することで自分の有能感を感じるケースも非常に多く存在します。そのため、他の利用者や運営側によるアウトプットの結果を見ることができたり、自分のアウトプットと比較できるような場所を用意したりすることで、自身の有能感を得られるようにする手法が、このショーケースという手法です。

　ゲームの領域では、個々人が自分なりの攻略方法を掲示板に記載して他人が見られるようにするなども有効で、公式の掲示板を用意するケースがあります。非ゲームの領域で言うと、自身の料理画像をアップできる場所、そして他人の料理画像を閲覧することができる場所というのはまさにこの手法を活用しています。

➕ ポジティブフィードバック

　ここまで、有能感を得るための行動の作り方を中心に説明してきましたが、「**ポジティブフィードバック**」はこれらと併用して用いられるケースが非常に多い、表現に関わる手法です。

　有能感を得られる結果に対して、有能実感をより得られるようにフィードバックを提供することが重要です。短期的な利用者の行動に対して即時性の高いフィードバックを行う手法がイメージしやすいですが、長期的な利用者の行動に対してフィードバックを行う手法も含まれます。

　例えば一番シンプルな例は、ソーシャルネットワークで他人にイイネをされたときに●●さんにイイネされました、と通知が届く仕掛けもまさにこの手法です。

感性欲求へのアプローチ

　本書では、本項で紹介する「**感性欲求**」を除いた8つの欲求を「社会的欲求」に分類します。なぜなら、社会や環境や周囲の人間が生きてい

く上で必要な欲求として深化してきたものと解釈できるからです。

　例えば有能欲求は、より能力の高い種を残すために、自分の能力を高め示すことが人間の生存にとって重要になるために備わった欲求と言えます。

　感性欲求は、こうした「社会的欲求」と異なり、本書では「生理的欲求」と定義します。感性欲求は、社会的欲求のように人間の進化の過程の中で備わってきた欲求とは異なり、非思考的な、脊髄的に反応してしまう快楽・快感といった本能的欲求として分類しています。

　人によって気持ちよさを感じるものは個人差が大きく、構造的に要素分解することは難しいのですが、本項ではこの感性欲求を刺激する手法として8つの手法を紹介します。

➕ 視覚的インパクト

　「視覚的インパクト」は、その名の通り視覚的なビジュアルを通じて、派手さや奇抜さなどで強い印象を与える手法です。実寸大のロボットや

幼虫の見た目をしたお菓子など、主にプロモーションの領域で多く用いられる手法です。意外性のあるモチーフの見た目にする、異常に大きくするなどインパクトの作り方は多岐にわたります。

✚ 身体アクション

　人間は身体を動かすこと自体に楽しさを感じます。身体を動かすことが持つ楽しさに着目して体験の中に取り入れる手法が、「**身体アクション**」です。

　ゲーム領域においてはコントローラーという操作機器があることが非常に多いです。このコントローラーが、指先操作だけではなく身体を動かすことでコントローラーの代わりとするゲームは多数存在しています。そしてそういったゲームは多くの方に受け入れられており、身体を動かすこと自体も楽しさの1つであることを示しています。

✚ 五感的快

　視覚・聴覚・触覚・嗅覚・味覚といった感覚が人間には備わっています。そしてこの五感を通じて心地よさを感じたり、ポジティブな気持ちになったりするものが人それぞれ存在しています。

　いい香りがする、涼しい、柔らかくて気持ちよいなど、五感に対し直接的に働きかける要素を取り入れることで、気持ちよさを提供し、夢中にさせる手法が、「**五感的快**」です。

　この手法は数多くの非ゲーム領域で活用されており、匂いがする消しゴムや、持ち手が柔らかいボールペンなど広く多くの方に用いられている製品に搭載されています。

　製品設計の際にこの手法を意識することで、機能的価値だけではなく、情緒的価値を創出し「使ってみたい」「気持ちいい」といった感性欲求を刺激することができます。

アンダーコントロール

ここまでは人間の五感など物理的・身体的な刺激を行う手法を紹介しました。ここからは直接的な物理的・身体的な刺激より踏み込んで、精神的な感性欲求を満たす手法を紹介していきます。「アンダーコントロール」は、利用者の思惑通りに動く一連のインターフェース（操作部）とアウトプットを提供する手法です。

例えば、ラジコンが例に挙げられます。自身のコントロール下において動かすことができる、という感覚そのものが感性欲求を刺激し、夢中にさせることができます。

怖いもの見たさ

恐怖や不快感といった感情は、一見、快感とは異なるようにも見えますが、「怖いもの見たさ」はゲームをはじめとするエンタテインメントの領域において一定確立されている手法です。適度な恐怖や不快感を示唆することによって、逆に行動が喚起されるように仕掛ける手法です。ポジティブなフィードバックを行うことで気持ちよさを提供する手法が多い中で、逆説的にネガティブなフィードバックを通じて逆に行動欲求が高まるという人間の不合理的な感性を活用した手法です。

ゲームの領域ではホラーゲームというジャンルは一定のポジションを確立しており多くのファンが存在します。怖いからこそやりたくなるという人間の特性を活用しています。

リズム

総合的な五感刺激ではあるものの、規則的な動き・間隔を、音や見た目によって表現されると、人間はその規則に合わせた動きを取ります。この人間の特性を活用して、規則的な動きを音や見た目で表現することでついやってしまう・行動してしまう、という感性欲求を刺激する手法

が、「リズム」です。ゲームの領域ではリズムゲームというジャンルが確立されており、お笑いの世界ではリズムネタというジャンルが確立されています。リズムそのものに人間の感性欲求を刺激する力があります。

✚ 眩暈感 (めまい)

「眩暈感」も総合的な五感刺激ではあるものの、動きや激しい音や光などによって、平衡感覚を部分的に喪失することによって生まれる楽しさを、利用者の体験に付加する手法です。前項のリズムの手法とも似た印象があるかもしれませんが、リズムはあくまで規則的な動きや間隔を音や見た目で表現された際につい合わせてしまうという特性に基づく手法です。本手法は、より激しい音や光などによって一種の「酔い」の状態を生み出すことで夢中になってしまうという特性に基づいています。激しい音楽と光の中でエアロバイクをこぐといったフィットネスジムの手法はまさにこの手法を活用した例と考えられます。

✚ アート的魅力

「アート的魅力」は、論理や思考を超え、人を惹きつける魅力的なものを製品やサービスに取り入れる手法です。アニメ映画で、仮想世界にもかかわらず背景が写真と見違えるようなクオリティのアウトプットになっていたり、ゲームの世界の中で圧倒的なクオリティのデザインが提供されていたり、言語化が難しくとも心が惹きつけられる、感性を強く刺激する表現を取り入れる手法です。

保存欲求へのアプローチ

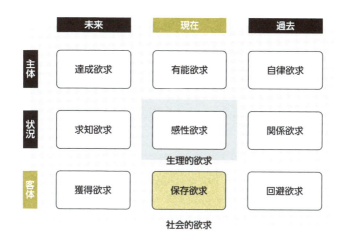

　捨てないといけないとわかっているのに長く使っていて愛着が湧いてなかなか捨てられない、新しい方法を取り入れないといけないとわかっているのに従来の方法に縛られてなかなか変化できないなど、人間には頭ではわかっているのになかなかできないという不合理な特性があります。「バイアス」と表現をされることもありますが、人間にはそのような認識の歪みが存在します[*1]。

　情報爆発時代において、数多くの情報がある中で全ての情報を適切に把握して全て合理的に判断することは難しく、経験や先入観から瞬間的に不合理な認識をしてしまう傾向とも考えることができます。

　そのため、合理的に考えれば捨てる必要がある、やり方を変える必要がある、といった状況においても、経験や先入観からそういった行動ができない、という事象が往々にして発生します。

　このように、愛着や一貫性への執着という不合理な行動欲求が人間には存在します。この欲求を本書では「保存欲求」と定義し、その欲求[*2]に対して行動を促すアプローチを紹介します。

心理学・行動経済学の領域でも多くの研究がなされており、さまざまな人間の不合理な行動心理が観察を通じて説明されています。「IKEA効果[*3]」「ゲシュタルトホール[*4]」「保有効果[*5]」などを聞いたことがある方もいらっしゃるかもしれません。

今 自身が積み上げている客体

[*1] さまざまな定義が存在していますが、本書ではわかりやすさを重視し、直感やこれまでの経験に基づく先入観によって物事の判断が非合理的になる心理現象と広義に解釈し使用しています。

[*2] 社会の中で生きる人間として種の保存は最も重要で、手に入れたものを残し続けたいという欲求が生まれることは必然であるとも言えます。

[*3] IKEA効果
自分の手で作ったものに対して、そのものが本来持つ以上の価値を見出してしまう、労力によって得られる過大評価を指す心理的な傾向です。名前の由来は、組み立て式家具で有名な北欧の家具ブランドからきています。

[*4] ゲシュタルトホール
ゲシュタルトとは全体性を持ったまとまりのある形態を指します。ゲシュタルト原則は複数存在しますが、ゲシュタルトホールは、1つのまとまりがある中で抜けている部分やかけている部分があるとその部分を埋めて維持したくなるという心理的な傾向を指します。例えばジグソーパズルで1ピースだけ抜けてしまっていると埋めたくなる心理を指します。

[*5] 保有効果
客観的には価値がないものでも、自分が所有しているものに対して高い価値を感じる心理的な傾向です。

116　③「ついやり続けたくなる」体験を生み出す習慣UX

例えば、身の回りの事象で言うと次のような体験はしたことはないでしょうか。

スタンプカード

達成欲求を喚起する手法例でも取り上げた、購入するとスタンプがたまっていくスタンプカード。少しずつスタンプがたまっていくと、たまればたまるほど全部集めたいという気持ちになりませんか。全て埋めたいという欲求もこの保存欲求から喚起されていると考えられます。

ロボット掃除機に名前をつける

忙しい世の中で便利な電化製品である、ロボット掃除機。部屋を掃除する家電という役割に過ぎない製品ではありますが、オリジナルの名前をつけて呼んでいる方はいらっしゃいませんか。そして名前をつけるとそこに愛着が生まれ、日々の掃除行動に可愛いなどの人間的感情が生まれませんか。この、名前をつけることで愛着が生まれる事象もこの保存欲求が喚起されていると考えられます。

それでは、この保存欲求を喚起するための手法を紹介していきます。

✚ セルフビルド

IKEA効果という心理効果をご存じでしょうか。北欧の家具小売店であるIKEAが由来の心理効果です。ここでは、自身で組み立てて完成させる形で家具が販売されています。この、組み立てるプロセスに介入することでその家具に必要以上に愛着を持つようになることに由来します。「セルフビルド」は、利用者がゼロから作り上げたり、作るプロセスの一部に関与できる要素を入れたりすることで保存欲求を刺激する手法です。ゲームの世界でも、街作りや建物作りなどのシミュレーションゲームはまさにこの欲求をベースとしています。自身で構築していくことで、そのアウトプットに必要以上に愛着が湧き、さらなる行動を喚起します。

完成品を対象者にそのまま渡すのではなく、利用者が自ら出来上がる過程に参加できる要素を入れることで保存欲求を刺激することができます。

✚ アレンジ

ゼロから作り上げるプロセスを用意するセルフビルドの手法に対し、でき上がったものに対して追加で自分なりの意思を追加できるようにすることで、ゼロから組み上げるのと同じように保存欲求を刺激することができます。

「アレンジ」は、書き込みを入れられるようにする、カスタマイズを重ねられるようにするなど、利用者が使いながらアレンジできる要素を入れることによって、愛着を湧きやすくする手法です。

例えば、参考書にどんどん書き込みをすることで、自分用の参考書にするといった体験をしたことはないでしょうか。また、身近な例で言えばチャットサービスでアイコンや背景を自分好みに変更することで自分用にカスタマイズするということもこの手法を活用しています。

✚ パーソナライズ

利用者自身が使いながら自分好みにカスタマイズする手法に対し、「パーソナライズ」はサービス運営側からアプローチする手法です。自身のニーズや趣味嗜好に最適化された体験が提供されていると感じさせることで、利便性をより高めるという機能的価値も高まりつつ、愛着が高まり他のサービスへの移行をしにくくする効果が期待できます。

動画サービスやオンラインショッピングサイトで、自身の過去の行動・購買履歴からおすすめをされるという手法もまさにこの手法を活用しています。また、ホテルなどで用意されている VIP サービスもこの手法を用いていると考えることができます。同じ系列のホテルに宿泊したときに、そのホテルに宿泊するのは初めてだったとしても名前を呼んでもらえるという体験は、同じ系列ホテル間で利用者情報を共有することで、

特別感を演出する手法として活用されていると考えられます。

➕ ヒストリー機能

　愛着を感じさせる手法の1つとして、見返したくなる過去の行動を記録しておく「ヒストリー機能」という手法も効果的です。ゲームの世界では多く活用されていますが、総プレイ時間、名場面集、利用ログなど、利用者とサービスの利用の歴史を可視化することで愛着を感じさせることが期待できます。サービスに使った時間や思い出を見せることで、これまでこんなに使っていたのかとそのサービスを利用し続けたいという欲求を刺激します。

➕ ネームプレート

　名前は愛着を感じさせるために非常に重要な役割を担います。先の例で、ロボット掃除機に名前をつけることで愛着が湧くという事象を紹介しましたが、名前があることで人間は愛着を生みやすくなります。

　「ネームプレート」はこの心理的傾向を活用し、利用者が任意に対象物の名前を設定できるようにしたり、対象物にあらかじめ名前を設定しておくことで愛着を感じさせる手法です。

　ゲームの領域でも、主人公の名前を任意に決定できるという手法は多く用いられています。デフォルトの名前を用意しつつ自身で名前を変更できるという要素を追加することで、より愛着を持たせるという狙いで設定されています。

➕ 日常的接点

　獲得欲求の説明でも触れた単純接触効果（ザイオンス効果）は、繰り返しの刺激が好意度を上昇させる心理効果でした。今自身が保有していないものに対して繰り返し触れることで希少性を感じる獲得欲求に対し、

利用者のサービスに対する接触機会を増やし、好感度・愛着を向上させる手法が「日常的接点」です。

なるべく利用者の目に留まる機会を増やすことで無意識的に愛着を持たせることができ、保存欲求を強く刺激することができます。

ゲーム領域で言えば、ログインボーナスという毎日起動時にインセンティブを付与する仕組みを搭載することでこの手法を活用しています。

➕ 未完成状態

人間は解決されていない課題があるときは集中が続くが、課題が解決されると集中が途切れる心理的傾向があります（ツァイガルニク効果）。言い換えれば、常にクリアされない状態が続くと継続的に利用してもらえるということでもあります。

また、一部分が空欄になっていると埋めたくなるという特性（ゲシュタルトホール）も持っています。未完成な状態や途中までの段階であることを認知すると、その対象物を完全にするための動機づけが喚起されます。まさに一貫性欲求そのものです。

「未完成状態」は、サービスを提供するときに部分的でもあえて不完全な状態を用意することによって、利用者の一貫性欲求を刺激し完全な状態にするための行動を喚起する手法です。

非ゲームの領域で言えば、冒頭でも紹介した通りスタンプカードもこの手法を活用することでより効果を発揮するようになります。全5カ所のスタンプが押せるようになっているときに1カ所もスタンプを押されていない白紙の状態のスタンプカードと、全10カ所のスタンプのうち5カ所すでにスタンプが押されている状態のスタンプカードの2種類があったときに、全て埋めるために必要なスタンプ数は同じですが、後者のほうが行動を喚起する力は強いと考えられます。すでにいくつかスタンプが押してあるため、全て埋めたいという欲求がより刺激され、スタンプを集める行動がより強く喚起されます。

コレクションセット

「コレクションセット」は、保存欲求を刺激する上でゲーム領域においても多く用いられる特に"ゲームらしい"手法です。利用者が収集して、コレクションをコンプリートしたいという欲求を刺激することで行動を喚起させます。古くからさまざまな領域でコレクターと呼ばれる方がいらっしゃいます。全てを集めたいという欲求を刺激することでコンプリートするための行動が促されます。ゲーム領域では、モンスター図鑑を用意することで、モンスターを全種類コンプリートしたいという欲求を刺激する手法が用いられています。

もやもやスッキリ

自分の考え方や感じ方と異なる事象に触れたとき、人間は違和感や場合によっては嫌悪感を抱きます。そしてその違和感を解消するために無意識のうちに思考や行動が誘導されます。また、中途半端な情報を得た際に、不足している情報を補完するために思考や行動が誘導されます。例えば、テレビ番組の中でクイズが出題されていると、そのクイズの解答を無意識的に考えたり、答えが出るまで番組を見続けたり自分で調べたりといった経験を一度はしたことがあるのではないでしょうか。広告の最後に「続きはWebで」という訴求をすることで、詳細を調べたくなってしまう、という行動を喚起するといった手法も多く用いられています。

「もやもやスッキリ」の手法は、利用者の既存の知識や直感に合致せず、なんとなく落ち着かない気持ちになるような状態をあえて提供し、かつその状態を解消するための手段を示唆することによって、行動を喚起する手法です。

コミットメント

人間の心理効果の1つに一貫性の原理という「自分の発言や行動、態

度、信念を一貫したものとしたい」と無意識に振る舞うというものが存在します。「コミットメント」は、利用者に一度宣言をさせることで、それを一貫して守ろうという一貫性の原理にて説明できる心理効果を生み、宣言した望む行動を引き出す手法です。

日本には古くから「言霊」という考え方が存在しますが、この考え方も、言葉にしたことは、実際に言葉通りの結果が生じるという意味で使われています。

利用者に特定の行動を促したいときに、まずは宣言や選択をさせることで、一貫性欲求を刺激し、その宣言通りの行動を促していきます。例えば、ダイエットに臨むときに周囲に対して●カ月以内に●kg痩せると宣言させることで継続的な行動を促していく手法は、保存欲求を刺激して行動を喚起させることが期待できます。

✚ クイックルーティン

人間は基本的には変化を嫌う生き物です。現状維持と変革の2つの選択肢があるときに、前者を選ぶケースが多くなります（現状維持バイアス）。「クイックルーティン」は、この特性を活用して利用者にとって習慣行動になりやすいルーティンワークを用意する手法です。

できるだけ簡単に実行できるものを設定し、毎日継続的に実行させることで、サービス利用や行動の継続促進を図っていきます。毎日行動し続けると、その行動を変えること自体に違和感が生まれ、結果として継続的な行動を喚起し習慣化を定着させることが期待できます。

ゲーム領域では、毎日起動するたびにもらえるログインボーナスや、毎日クリアしないといけないミッションが与えられるデイリーミッションなど、毎日簡単に実行できるルーティンを用意することで、結果としてゲームの継続利用を促していく、という手法は多く用いられています。

自律欲求へのアプローチ

　自己有能感、自己効力感など自らの創造性を発揮できる（できている）と感じられるときに強い動機づけが生まれる欲求を有能欲求と定義しました。自らの創造性や能力を発揮する（できていると感じられる）ことで行動が喚起される有能欲求に対し、「自律欲求」は、出来事に対し自分事化がなされると行動が喚起される欲求です。主語は自身である点は共通ではありますが、有能欲求は現在の自身の創造性・能力発揮によって刺激される一方で、自律欲求は過去の自身の知識や体験から自分事化されるという時間軸の観点で異なります。

　物語を読んだときに過去の自身の経験と照らし合わせ共感することで、自分をその物語の登場人物に投影して感情移入してしまう、といった経験は誰にもあるでしょう。「あなただけの特別オファー」という形で個別の連絡が企業から来た際に特別感を感じたこともあるはずです。

　外部刺激に対して共感や特別感を得て当事者意識を持ち、強い動機づけが生まれる現象は日常にあふれています。

　例えば、他には身の回りの事象で言うと次のような体験をしたことはないでしょうか。

蚊取り線香の匂いを嗅いで幼少時代を思い出す

　蚊取り線香の香りを嗅いだときにふと、幼少期に暮らしていた家や、実家の情景が思い浮かぶ、これも自律欲求が刺激される事象です。原体験が想起されることで行動が喚起されるという手法は購買行動を促していく施策に多く用いられています。

地元のスポーツチームを応援する

　自分の地元のスポーツチームを応援するということ自体もこの自律欲求が刺激された行動です。同じ地元という共通点からそこに所属意識が生まれ、同じ仲間として応援をしたくなる、そのような行動が喚起されます。
　多くのプロスポーツは企業などのスポンサー収入によって運営されています。そして、企業は自社の宣伝のためにスポンサー契約を行うケー

スが多く、結果として多くのプロスポーツチームのチーム名には企業名が入っています。しかし、企業名が入っているだけではその企業に関係のある人以外に対して共感や所属意識を生むことはあまりありません。そのような背景の中、例えばサッカーの世界では積極的に地域名をチーム名に入れています。これは地域名を入れることで、その地域に住んでいる人たちが自分たちのチーム、という自分事化を通じてファンを生み出そうとしているのではと考えられます。

　それでは、この自律欲求を喚起するための手法を紹介していきます。

➕ ストーリーテリング

　先の例でも紹介しましたが、物語は人の共感を喚起します。ゲームの領域でも、多くのゲームに物語が存在します。利用者に対して共感を通じた自分事化を進め、ゲームを進めたくなる行動を喚起する役割を果たします。

　物語には、共感を呼ぶ働き、世界観の入り口としての働き、イメージを具体化し印象づける働きがあり、物語を設定して伝える「ストーリーテリング」は自分事化を進め自律欲求を刺激するために有効な手法です。

　物語の重要性は、人類の歴史をさかのぼり神話が語られる時代から認識されていました。神話学者ジョーゼフ・キャンベルは、現代まで語り継がれる世界中の神話から構造のパターンを見出し、それをヒーローズ・ジャーニー（英雄の旅）として定義しました。人間の心に響く物語の型として有効とされる考え方です。ビジネスの場面でも活用されている考え方で、実際にストーリーテリングの手法を活用する際に参考にできる構造で定義されています[1]。

1. 「天命」（Calling）：主人公に天命が下り、自分自身のミッションを自覚する
2. 「旅の始まり」（Commitment）：旅に出る際に葛藤が生じるが決

断を下して旅立つ

3. 「境界線」(Threshold)：最初の試練を乗り越える

4. 「メンター」(Guardians)：サポーターや師匠に出会う

5. 「悪魔」(Demon)：最大の敵、障壁が現れる

6. 「変容」(Transformation)：悪魔、または自分の中の悪を打ち払い、主人公は英雄に変容する

7. 「課題完了」(Complete the task)：課せられたミッションを終え、これまでの体験や意味を整理する

8. 「故郷へ帰る」(Return home)：旅を終えて故郷へ帰る

　ストーリーに関わる心理効果として最近では「ラビットホール症候群*2」という心理効果も提唱されており、インターネット社会の中では非常に有効な考え方です。

　同じようなコンテンツ・物語を続けて観ると、類似するコンテンツ・物語を読みたく・見たくなってしまうという心理効果です。これはルイス・キャロルの『不思議の国のアリス』からきており、アリスがウサギを追って穴に落ちていったように、何かに深入りしていくことに似ていることに由来しています。

　例えば、世の中で流行り始めている動画の構成などを踏襲して、中身を入れ替えたものを用意すると、より閲覧されやすくなる、といった手法として活用が期待できます（要するにコンテンツのフォーマット化）。

　ショート動画サービスの世界では、すでにこのような潮流が当たり前となっており、同じ構成の映像が活用されて拡散がなされています。

＊1　便宜上、実務上活用がしやすい形に解釈しています。

＊2　例えば、少数派思想や偏った思考に最初は意図せず触れた程度の情報だったが、何度もその情報に触れ続けることで、その考え方にはまってしまってなかなか抜け出せなくなってしまうというような、陰謀論等のネガティブな事柄と関連して使用されることが多い心理効果であるため、活用には注意が必要です。

➕ 世界観

　ストーリーテリングの手法の際にも登場しましたが、「世界観」は、利用者の没入感のために、特定のテーマや背景ストーリーを設定しサービスの細部に反映する手法です。

　この手法によって、現実世界から切り離され利用者がその仮想の設定や物語背景の中に入り込み、夢中になっていくことが期待できます。

　「マジックサークル現象」という心理起因による現象が存在しますが、これは特定の狭い領域の中で視点が偏り、その領域におけるポジティブな思考のみが肯定され、ネガティブな思考が排除されるという現象です。のめり込んでいくことで、事象を自分に有利に捉えてしまう楽観性バイアスにも通じるものがありますが、まさにこれが世界観です。

　日本最大級のテーマパークもそのテーマパークの中には世界観が形成されており、その敷地の中では違和感のない行動（普段であれば恥ずかしい行動であるキャラクターの耳のついたカチューシャをつけるなど）が、世界観があることで当たり前になっています。

　このように、世界観をサービスに活用することでそのサービスに夢中になるという体験（特別感）を生み出し、自律欲求を刺激することができます。

➕ 所属意識

　先の例でも紹介しましたが、地元のプロスポーツチームを応援したくなる、という欲求もこの手法によって喚起されていると考えられます[*1]。

　この「所属意識」という手法は、特定のコミュニティやイデオロギーなどへの所属を意識させた上で、そこに紐づくプライドを刺激する手法です。

　地元が好きで誇りに思っているというプライドがある中で、地元で活動するスポーツチームがあれば、同じ地元に所属しているから強くあってほしい、試合に勝つと地元が勝ったように感じられ誇りに思うことが

できる、といった自律欲求が刺激されます。

　その他にも例えば「きのこ派 or たけのこ派[2]」というイデオロギーの対立構造もまさにこの手法で、自身がきのこが好きな場合、きのこが人気投票で勝つように行動が喚起され、結果としてこの対立構造が毎回盛り上がる、といった事象が生まれています。

> [1]　もちろんチームの強さや所属する選手など複合的な要因が存在しますが、あくまで一要素として。
> [2]　Wikipediaでも「きのこたけのこ戦争」というページが存在するほど盛り上がりを見せる、株式会社明治が販売しているチョコレートスナック「きのこの山」「たけのこの里」のどちらが美味しいかについて消費者同士が論争を繰り広げる現象を指します。

✚ 仮想敵

　所属意識と組み合わせて用いられるケースが多いのですが、「仮想敵」は利用者が戦うべき相手を設定することで、より積極的な取り組み姿勢を喚起する手法です。

　自身がどこに所属しているかが所属意識の手法ですが、その所属しているコミュニティやイデオロギーの敵を事業者側が用意することで、より自律欲求を刺激します。この手法は非ゲームの領域でも数多く用いられています。

　選挙もまさにこの手法を活用した活動が多くみられます。野党が与党を仮想敵と定めることで、野党に共感している支持者に対して、ともに与党を倒そうと自律欲求を刺激し投票行動を促していくというやり方は、読者の皆さんも見たことがあるのではないでしょうか。

　ここまで、自分事化を促す手法を中心に紹介してきました。ここからは特別感を利用した自律欲求の刺激方法を紹介していきます。

✚ 特別扱い

　ビギナーズラックという言葉があります。ギャンブルの世界において、

初めてチャレンジしたときに、ルール理解もままならない状態にもかかわらず勝つことが多いという現象を指します。人は初めてチャレンジして勝ったとき、自分はこのギャンブルに向いているかもしれないという特別感を感じます。結果として、2回目、3回目とチャレンジを続けていきます。これも特別感を通した自律欲求の刺激による行動変容効果と言うことができます。

「特別扱い」はビギナーズラックがもたらすような効果を意図的に生み出し、特別感を得られるようにする手法です。

例えば、初回は必ず成功する（しやすい）ように設計するという手法は一定効果が高いと考えられます。その他には、サービス利用者の誕生日にスペシャルオファーを提供することで特別感を得てもらう、という手法も有効です。

この特別扱いの手法は初心者や特定タイミングでのオファーに限らず、ヘビーユーザーや長期顧客に対して特別な優遇を提供するというVIPサービス、ロイヤルティプログラム*でも活用されています。

    ★ 顧客の囲い込みを通じたリピート率の向上や客単価の向上を目的とした、「商品の購入金額が多い」「サービスの利用回数が多い」といった特徴を持つ顧客に対して特典を与える施策です。

✚ 理解者的コミュニケーション

「理解者的コミュニケーション」は、特別扱いの手法にも近い考え方ではありますが、価値を提供することで特別感を感じさせる手法ではなく、「自分のことをわかってくれている」「理解されている」「自分のために言ってくれている」と感じてもらうことで特別感を演出し自律欲求を刺激する手法です。信頼感を形成することで行動がより強く喚起されます。

例えば音楽ストリーミングサービスでランダム再生した際に、自分にピッタリくる音楽が流れてくると「よくわかってるな」と特別感を感じることはありませんか。自分のことを理解してくれていると感じると人間はその対象を信頼し自律欲求が強く刺激されます。保存欲求のパーソ

ナライズの手法は、過去の自身の行動の結果としてオススメがなされることによる愛着や一貫性欲求が刺激されますが、理解者的コミュニケーションは、あくまで自身の過去の行動とは関係なく、自身のことを理解されていると感じられることで刺激される欲求に起因します。

　サービスの設計に盛り込む際には、実際にその利用者の属性や嗜好性を認識した上で最適なオススメを行うことがベストですが、高い精度でのオススメは技術的にも難易度が上がるため、「バーナム効果」と呼ばれる心理効果を活用する方法も紹介します。

　バーナム効果とは、無意識のうちに自分にとって不都合な情報を無視し、都合のよい情報だけを集めてしまう傾向がある認知バイアスの一種で、自分だけでなく誰にでも該当し得る曖昧な表現や記述にもかかわらず、まるで自分のことを言い当てられているように感じてしまう心理や現象を指します。よく挙げられる例として血液型占いで自身の血液型を選択した上で提示される結果に対して「確かにそうかも」と感じてしまう現象です。

　サービス設計にこの心理効果を活用する場合は、利用者に対し何らかのアンケートなどの設問に応えてもらった上で、結果を提示する、といったやり方が考えられます。

✚ 使命感

　世界観やストーリーテリングの手法とも関連しますが、このサービスは何をしようとしている／させようとしているのかがよくわかり、またその中で自分が（重要な）役割を担っていると実感させる手法が「使命感」です。

　日本には古くから「大義」という言葉も存在しますが、自分がやらなければいけない理由とも言い換えることができます。そのため、利用者への信頼を何らかの形で示すとより効果的です。

　「この悪を倒さなければいけない」そして「この悪はあなたしか倒すことができない」と伝えることでそこに行動の理由が生まれ、自律欲求

が強く刺激されます。

ゲームの領域では、ゲームの始まりのストーリーの中に利用者に対する使命を与える手法が用いられています。

✚ 社会貢献化

「社会貢献化」は、使命感にも近い手法ではありますが、自分の行動が、社会に何かしらの形で貢献する／していると感じさせる手法です。社会に貢献している自分という実感が自律欲求を刺激し行動を喚起します。実際にどの程度貢献しているかという実効性よりも、利用者にとっての実感の程度が重要です。商品を購入した金額の一部が寄付に充てられるといった手法も一般的に用いられていますし、企業の社会活動の一環で利用者とともに取り組むという形は、企業のCSR活動*とマーケティングの取り組みを同時に行うことができる良い手法です。

> * Corporate Social Responsibility の頭文字を取ったもので、企業が社会的存在として果たすべき責任のことを指します。日本語では企業の社会的責任などと訳されます。例えば植林活動などの地球環境に関わる活動や、文化や芸術、スポーツ分野などを支援する活動がこれにあたります。

✚ 原体験想起

「原体験想起」の手法は、利用者の過去の経験、特に思い出深くポジティブな印象のある経験を想起させるような体験を提供することで、内容を細かく精査する前にポジティブな感情を喚起させる手法です。昔夢中になった体験に近しい体験を提供することで利用者の自律欲求を刺激し行動を促します。例えば、昔流行した製品をリバイバルとして現代に蘇らせるという手法は多く活用されています。

ここまで、物語や世界観、コミュニケーションの仕方に関する手法を紹介してきました。ここからは具体的な体験を設計する手法について紹介していきます。

➕ アバター貸与

「アバター貸与」の手法は、サービス内で自分や他利用者が見ることのできるアバター*を、利用者それぞれに対して与える手法です。この手法を通じて「そこに自分が居る」という感覚を喚起することができ、自律欲求を刺激し行動を促すことができます。

ゲームに限らず広く多くのデジタル領域でアバターの手法は活用されています。自身を投影するバーチャルな自分を利用者が得ることで、その世界の中での自分という自律欲求が刺激されます。獲得欲求や保存欲求、後述する関係欲求などと組み合わせて活用することができ有効な手法です。

> ＊ 仮想空間上に登場する利用者の分身となるキャラクターを指します。

➕ ベテランインセンティブ

サービスを長期間利用していくと、少しずつ慣れが生まれ、結果として飽きが生まれてしまいます。これは、自分事化の感覚が小さくなり結果として自律欲求を満たすことができず、サービスの利用をやめてしまうということにつながっていきます。

そのため、利用を続けると報われると理解させることで、長期間安心して利用できるように自律欲求を刺激する手法が「ベテランインセンティブ」です。

ゲーム領域でも、テレビゲームが主流であった時代は一定の条件を満たすとゲームクリアとなり、ゲームが終了するというものが一般的でした。最近では、スマートフォンゲームなどの台頭により、いわゆるゲームクリアのないゲームが増え、長時間プレイしてもヤリコミ要素という形で継続して続けられる手法が活用されています*。

非ゲームの分野では、例えば航空会社のマイレージプログラムは、継続して利用し続けることでより高い特典を得ることができ、最高のランクにいても継続して特典を得続けることができるということを訴求し、

途中で離脱するきっかけを減らしています。

> ＊ ハイスコアを目指し続ける、アイテムを集め続ける、など長時間遊び続けられるようなゲームの仕掛けを指します。

➕ 一石二鳥チュートリアル

　最後に紹介する「一石二鳥チュートリアル」は、かなりテクニックに寄った手法です。サービスを利用するにあたって、最初に説明書をじっくり読みこんでから利用を開始するという手法は、説明書を読む段階で挫折してしまう可能性があります。

　ゲーム領域では多く活用されていますが、操作方法について自然に習得を促すのと同時に、ここまで紹介してきた他の「自律欲求」の手法を自然に体験させる手法です。押しつけることなく、ユーザーが楽しみながら気づけば習得できるような体験設計を行うことで、自律欲求を強く刺激しサービス利用の動機づけを高めます。

　プレイアブルなチュートリアルという言い方もしますが、実際のサービスの体験をしながらストーリーなどを伝えていき、自然に自律欲求を刺激していくことで、行動を喚起していく手法です。

　現代社会において人間関係の重要性は一層高まっています。スマートフォンがいつでもどこでもネットワークにつながる社会を生み出し、ソーシャルネットワークサービスが当たり前に情報のインフラになり、常に誰かとつながっている社会となっています。常に他者を意識して現代人は生活をしています。生存欲求・生殖欲求という原理的な本能までさかのぼっても、1人よりも複数人で協力し合うほうが生き残る可能性が高いため、他人と関係性を築くことは極めて合理的です。長い人類史の中で人間関係は欠かせないものであり、社会の状態によってその在り方や影響の受け方が変化してきたものと考えられます。

　本書では、他者を意識することで動機づけられる人間の特性を「関係欲求」と定義しています。他者が存在することそのものではなく、他者を「意識する」ことが重要です。他者の存在があり、そこを意識するからこそ人間の行動が喚起されると考えています。人間関係というとかなり広義な話にはなりますが、本書で言及するのは、人間関係の中でも、あくまで他者の存在を意識することで自身の行動が変化する、という特

性を活用した手法を紹介していきます。

例えば、他には身の回りの事象で言うと次のような体験をしたことはないでしょうか。

ソーシャルネットワークサービスでイイネとされたいと感じる

自身の投稿に誰かがイイネなどのポジティブな反応をすると、無意識に嬉しい感情が生まれるといった経験をしたことはありませんか。他者からのアクションによって他者の存在を意識し、そのアクションがポジティブなものであるとわかるため関係欲求が刺激され、さらにイイネが欲しいという感情が生まれ行動が喚起されます。

ロボット掃除機から「助けを求めています」といった通知が届き、助けに向かう

他者の存在を意識することで行動が喚起される考え方ではありますが、その他者は必ずしも人間である必要はありません。無機物に対して人間らしさを感じることが、他者の存在を意識することにつながると考えま

す。ロボット掃除機が掃除中に動けなくなってしまったときに、利用者のスマートフォンに「エラーが発生しています」と通知が来るだけであれば、あくまで無機質な存在としてのみ認識するため関係欲求は刺激されません。しかし「助けを求めています」という通知が来ると、無機物に対して人間味をそこに感じ、他者として意識します。結果として関係欲求が刺激され、助けなければという行動喚起につながっていきます。よく使用される手法として無機物を人間化する「擬人化」もまさにこの考え方からきていると推測され、有効な手法です。

　それでは、この関係欲求を喚起するための手法を紹介していきます。

✚ メンターシップ

　教えるという行動は、教える側、教わる側ともにメリットのある行動です。教える側は他者の役に立てるという貢献の喜びや、他者に教えることができるという自身の能力実感を得ることができます。教わる側は当然目の前の問題を解決できるという便益を得ることができます。こういった関係性を意図的に作ることで両者の関係欲求を満たすことが期待できます。「メンターシップ」は、初心者ユーザーに対し既存ユーザーが積極的に物事を教える関係性を作ることができる場を用意する手法です。

　教わる側は、教えた方への恩義を感じるため、場の中での積極性が向上するという効果も副次的に期待できます。ゲームの領域では、大人数で参加するオンラインロールプレイングゲームがあります。その中で、ギルド*というチームのような仕組みを入れることで、上級者の方と初心者の方がつながり、教える／教わるという関係を意図的に作ることができます。

　非ゲームの領域では、Q&Aサイトなどでも有効に活用されています。誰かが身近な質問事項を投げかけると、回答できる方がその質問に対して回答をして、質問者は良い回答に対して良い回答である旨のリアクションを行います。結果として、教えたい／教わりたいというサイクルが構

築されます。

> ＊ オンラインゲームにおける、行動をともにするチームを指します。一時的なグループではなく長期的に行動していくチームであることが多く、アイテムなどの獲得をかけたゲーム内での大人数での戦いを、このギルド（またはギルドの連合）によって行います。

➕ 互酬の機会

「**互酬の機会**」は、他の利用者に対し、何かをあげたりもらったりできるようにする手法です。ここでやりとりするものは、アイテムなど実利のあるものだけでなく「イイネ」や「ありがとう」などのリアクションでも成立します。重要なことは一方的にあげる形ではなく、双方向にあげることができる仕組みです。

汎用性の高い手法で、最もイメージしやすいのはソーシャルネットワークサービスのイイネというリアクションです。あげる側の負荷はワンタップで済みますが、送られる側はそれ以上の喜びを感じることができるため、多くのサービスで利用されています。

ゲームの領域では仲間に対してアイテムを相互に1日1回送ることができるという仕組みが活用されています。これもイイネと同様に送り手はワンタップで済みますが、送られる側はポジティブな感情にもなりつつ、実際にゲームの中で使用できるアイテムを得るという機能的便益も得ることができ効果的です。

非ゲームの領域では、サンクスポイントなどと呼ばれる従業員同士で「ありがとう」の気持ちをポイントの形にして送り合う仕組みが存在します。これも互酬の機会の手法で、送り手の負荷は小さいが受け手の心理的な報酬は大きいという仕組みになっています。

➕ 社会的規範

文化的背景に強く影響を受ける手法です。人間は成長の過程で、明文化されているかどうかは問わず倫理観や常識を学んでいきます。そして、その倫理観や常識に沿って行動をしようとします。「**社会的規範**」とい

う手法は、属するコミュニティ内において、一般的に望ましいとされる状態や行動を明示することによって、同じ状態に近づけるための努力や、同様の行動を暗に要請する手法です。

人間には、成長の過程で学んできた倫理観や常識だけではなく、自身の周囲の人たちに合わせるという傾向があり、その特性を利用した手法です。

この手法は非常にシンプルな手法でありつつも高い効果が期待できます。例えば、公衆トイレなどできれいに使ってほしいときに「汚すな」と強い言葉でNGを伝えるよりも「いつもきれいに使っていただきありがとうございます」と伝えるほうが効果的であることがわかっています*。これも、命令でやらされるのではなく「みんなが」きれいに使っているから、自分も期待されている、きれいに使うべきという社会的規範に沿って行動が促されるものです。周囲の人間の行動を強調して伝えるほうが、受け手の行動が喚起されます。

> ＊ 人間には、誰かに期待されるとその期待に沿うように行動する「ピグマリオン効果」と呼ばれる傾向があります。この例で言うと、トイレをきれいに使ってくれるという期待を表明することで利用者の行動を促しています。逆に、明確にNGを伝えた場合に、意図しない行動が喚起される「カリギュラ効果」と呼ばれる傾向があります。「絶対に〇〇してはならない」など行動が禁止される、情報・文字を隠されるなど制限がかかることで、むしろ逆にダメだと言われたことをしてみたくなる、隠されているものが気になり見てしまうといった欲求を刺激してしまいます。「絶対にトイレを汚さないでください」という訴求は、逆に汚してしまう行動を促してしまう可能性があるとも言えます。

➕ トレンド

心理学の領域で「バンドワゴン効果」というものがあります。周囲が高く評価しているものに対して自分自身も高く評価してしまうという心理効果です。流行しているものを見ると自分も乗らないといけないと感じたり、口コミで高い評価をされていると無思考的に良いものだと捉えてしまったり、他人が良いといったものは良いものであると考えてしまう人間の特性を表しています。

この考え方を用いて、周囲で高く評価されている物事や、周囲で多くの人が取っている行動を明示することで、同様の行動や考えを促す手法

が「トレンド」です。身近な例で言えば、ソーシャルネットワークサービスの中で多くの方が投稿している情報に対して行動を喚起させるハッシュタグキャンペーンなどがあります。20代男性の7割が利用している、や、全米が泣いたなどのメッセージもこの手法を活用しているものと考えられます。

　ここまで、周囲の意見や行動に合わせてしまう、という社会からの影響の受け方を紹介してきました。次に、相手との競争や相手より優位になりたいという欲求に基づく手法を2点紹介します。

対抗心

　「対抗心」という手法は、利用者の競争心理を煽り、勝利したい・上回りたいという欲求を刺激し行動を促す手法です。
　ゲームの領域では古くは、ゲームセンター内でランキングが表示されているなどの手法が用いられていましたし、対戦ゲームの結果画面で勝った人の勝利演出を敗者にもしっかり見せることで対抗心を刺激するという手法は活用されています。
　利用者に対して、他利用者の存在を意識させ、勝ちたい・上回りたいと思わせることで行動を喚起するこの手法は効果的です。

序列化

　対抗心は特定の誰かに勝ちたい・優位に立ちたいという関係欲求の刺激から行動が促される手法でした。「序列化」は、特定の誰かという形ではなくサービス内でのステータスに明確な序列を設けることで、より高いステータスを得たいという欲求を刺激する手法です。
　この手法自体はゲームだけではなく非ゲーム領域での活用が多くなされており、汎用的な手法です。例えば、英語学習の中で英検やTOEICなどで等級やスコアというわかりやすい基準で序列を設けることで、よ

3

2

本質的なゲーミフィケーションの活用＝ゲームフルデザイン

り上位を目指したくなるという手法が活用されています。その他にも、ロイヤルティプログラムでシルバーランク、ゴールドランクなどの基準を用意する形でも活用されています。

　ここまで、競争や優位性をベースにした手法を紹介してきました。ここからは対象者とサービスの関係性（対象者同士も含む）を明示することによって行動が喚起される手法を紹介します。

✚ 関係性ラベリング

　「関係性ラベリング」は、利用者間に、何かしらの裏づけと名称のある特別な関係性を与えることで、関係性に対して貢献意識や裏切ることができないという気持ちを喚起させ、行動を促す手法です。
　ゲームの領域では、例えば、フレンド機能や同じチームを組成するギルドが用いられています。利用者間に対しフレンドという関係性を与えることで、フレンドの●●という行動によって報酬が自分に与えられた際に、自分も●●という行動をしなければ、と感じさせ行動を促すといった形で活用されています。
　非ゲーム領域であれば、例えば、ももいろクローバーZのファンを「モノフ」と通称を名づけることで対象者とファンの関係性を言語化し、よりファンの熱量を高めていると考えられます。

✚ 社会的対象化

　対象者とサービスの関係性による行動喚起の手法を応用します。
　ここまで説明した通り、人間は他者の考え方や行動に大きく影響されます。言い換えれば、人間的な対象と対峙したときに動機づけがなされやすい、とも言えます。人間には「シュミラクラ効果」という心理効果があります。これは、人間の形やビジュアルに近しいものを見ると人間や動物として「見えてしまう」という現象です。有名な例で言えば、コ

140　③「ついやり続けたくなる」体験を生み出す習慣UX

ンセントを見たときに人の顔のように感じる、というのも、この心理効果からきています。シュミラクラ効果などを活用し非生命であるサービスや道具のことを、名前や顔をつけるなどの工夫によって社会的な関係性のある他者として認識させる手法が、「社会的対象化」です。

この手法は、信頼感や親しみなどの感情を対象者に抱かせることができ、関係欲求を刺激し、ポジティブな行動を促す効果があります。

ゲームの領域で言えば、「人間ではない生き物が会話をする」や「物質的なものを人間的に表現する」などの擬人化という手法は多く活用されています。

非ゲームの領域においても、ロボット掃除機が動けなくなってしまったときに単なる注意音だけではなく「助けを求めています」と通知されるのも、この社会的対象化の手法を活用していると考えられます。無機質な掃除機に対して、人間のような発言をしているように見せることで人間らしさを感じさせ行動を喚起します。

最近見かけることが増えたレストランでの配膳ロボットも、機能的な側面だけで言えば時間通りに必要なものを届けるということが役割でそれ以上でもそれ以下でもないはずです。ですが、この配膳ロボット自体に表情をつけ耳をつけ猫のようにデザインすることで、急に生き物として愛着を持って見てしまいます。これにより、多少の遅延や間違いがあったとしても、「ネコだからしょうがない」「可愛いから許す」などの関係欲求が刺激されます。擬人化のアプローチ自体、かなり一般的になってきている印象ではありますが、擬人化まではいかずともシステムやサービスに人間味を持たせるということは有効な手法として考えられます。

✚ 共通目標

「共通目標」は、他者を意識することによって行動が喚起される関係欲求の中でも特に多くのシーンで活用されており、共通の目標の達成に向けて、他の利用者と協力して取り組める要素を導入する手法です。

ゲーム領域でもソーシャルゲームの黎明期から活用されており、夢中

にさせる仕掛けとして確立されています。「レイドボス」や「GvG」(Guild vs Guild) という手法が有名です。

レイドボスは、突然強いボスが現れてチームメンバーが協力して倒すという手法です。強い仲間がいれば倒せるという形だけではなく、例えば、順番にメンバーが攻撃をすることで強い攻撃ができるなど、協力を前提とする形のケースでも活用されます。

GvGは、その名の通りギルド同士の対決です。仲間たちと協力して相手ギルドを倒すという意味では、スポーツの世界で言えば団体戦で、見ている観衆も夢中になってしまう手法です。

非ゲーム領域でも多く活用されており、例えばみんなで100万歩歩こうという健康キャンペーンなどもこれに該当します。1人では達成できない目標を用意することで協力して臨む、そして仲間たちが頑張っているから自分も頑張るという動機づけにつなげて行動を喚起させています。

✚ 貢献実感

「貢献実感」は、共通目標の手法とセットで活用されるケースが多く、利用者がサービス内での行動によって自分以外の他者の役に立てたと感じられるようにする手法です。

共通目標がある中で、参加者がその共通目標に向かって臨んでいきます。その中で自身がどの程度貢献しているのかを感じられることで、仲間の役に立っているという実感を得られ、関係欲求が刺激され行動が喚起されます。

レイドボスの仕掛けでは、自身がどの程度ボスにダメージを与えたかということを可視化することで貢献度を自覚することができます。非ゲーム領域で言えば、クラウドファンディング*もこの特性が活用されていると考えられます。総調達額と利用者個人の支払額を同時に見られることで、全体の中で自身がどの程度貢献できたかということが可視化され、関係欲求が刺激される、とても優れた活用の仕方です。

＊ 群衆（クラウド）と資金調達（ファンディング）を組み合わせた造語で、インターネットを介して不特定多数の人々から少額ずつ資金を調達することを指します。

社交場

　相手との関係性を意識したり、優位性を感じたり協力したりという、深い関係性をベースにした手法とは異なり、「社交場」は浅い関係性でも他者を意識することで行動が喚起される効果的な手法です。

　利用者がリラックスして雑談できる場所・機会を設け、利用者のコミュニケーションを自然に促します。ファンイベントのようなイベント的なアプローチも対象ですし、学校キャンパス内にあるたまり場（ラウンジ）などもこの手法が活用されていると言えます。こういった行動義務の少ない場所が用意されていることで、結果としてコミュニティへの所属意識が高まったり、規範・トレンドなどが伝播したりすることで、積極的な行動を促すことができます。

　社内で自然な会話を生み出すようなコーヒー休憩所を意図的に用意するなどもこの手法を活用していると考えることができます。

ドヤスペース

　社交場は、仲間意識をもってコミュニケーションができる場所を用意する手法でした。「ドヤスペース」は、場所を用意するという点では社交場と同じですが、他の利用者に対し自身が何かを達成した実績や、有能であることを示す証拠をアピールできる場所を用意するという点で異なります。

　アピールする対象は、自身のスキルや状態をアピールする状態アピールと、行動に伴い何かを達成したという結果アピールの2種類が存在します。

　ゲームの領域では、自身のスコアを全国ランキング内にハンドルネーム[1]と併せて表示しておくことができるという対応をしていたり、プロ

3

2

本質的なゲーミフィケーションの活用＝ゲームフルデザイン

フィール欄にプレイ時間を記載しておくことでどれだけやり込んでいるかをアピールできるようにしていたり、幅広く活用されています。

非ゲームの領域においても、Q&Aサービス[2]などで、良質な回答を行う方に称号が与えられ、閲覧者みんながその称号を見られるように記載されるという形でこの手法が活用されています。

またこの手法は、達成欲求の手法で紹介したアチーブメントシンボルの手法とセットで使われることが多いです[3]。

ここで注意すべきは能力や成果など、相手に対し誇れることが対象となる点です。例えば、ソーシャルネットワークサービスの自身の名前の横に公式印をつけることが月額費用を支払えばできる、というサービスがあった場合、この表記自体はお金を払ったことによる表記です。そのため、月額費用を払うことができる財力というステータスを誇示したい場合を除き一般的にはドヤスペースの手法とは異なります[4]。

> [1] インターネット上で活動する際に名乗るニックネームを指します。
> [2] インターネット上において、匿名で広く多くの人に質問を投げかけ、回答ができる人がそこに匿名で回答をするサービスです。
> [3] 進歩実感による達成欲求の刺激で成果に向けて行動をし、得られた成果を他者に見られることで他者を意識することとなり関係欲求が刺激され。さらに行動を喚起する、という合わせ技です。
> [4] 財力を能力や成果として表現する手法は、財力自体をポジティブな評価として得にくい文化背景がある場合、不適切な手法となると考えられます。

➕ 変身ベルト

他者を意識することで動機づけされる関係欲求の1つとして「憧れ」が存在します。ここまで紹介してきた手法は全て、ある程度身近な人間関係やコミュニティの中で他者を意識することで動機づけされる手法でした。「変身ベルト」は、身近ではない他者を意識することで動機づけされる「憧れ」からの行動喚起の手法です。

憧れの対象を示し、その対象を模倣できるようにすることで、少しでも近づいた気になれるような機会を提供する手法です。

手法の名前にもあるように、特撮映画やアニメの世界の主人公が使っている武器や道具を実際に玩具として販売することで、その真似をした

144　③「ついやり続けたくなる」体験を生み出す習慣UX

くなるという行動が例として挙げられます。

　その他にも、有名野球選手使用モデルのバットやグローブなどは昔から多く販売されていますし、コスプレ（コスチュームプレイ）の文化も本質的にはこの変身ベルトの手法であると考えられます。

✚ 禁断の果実

　社会的規範とは真逆のアプローチではありますが、これも他者を意識することで動機づけされる関係欲求の刺激であると考えられます。社会的規範は、社会的に周囲の常識的に望ましい行動を取るべきだと考えて行動が喚起される手法でした。

　一方で人間には、常識があるとそれを壊してみたいという欲求も多かれ少なかれ存在します。やってはダメだと言われていることを、ついやってしまいたくなる、そんな経験をしたこと、ありませんか[*]。

　「禁断の果実」は、常識からの逸脱行動や、社会的に望ましくないとされている行動を、合法的にできる機会を提供する手法です。例えば、ロールプレイングゲームの中では壺や箱を自由に破壊することができます。これは現実社会では当然許容されません。ただ、ゲームの世界ではそれが許されます。

　非ゲームの領域で言えば、子供向けのビールなどが存在します。もちろんただのジュースなのですが、大人しか飲めないもの、という認識がある中で子供でも飲めてしまうという欲求刺激で、行動が喚起されます。

　　[*]　明確にNGを伝えた場合に、意図しない行動が喚起される「カリギュラ効果」が働いていると考えられます。

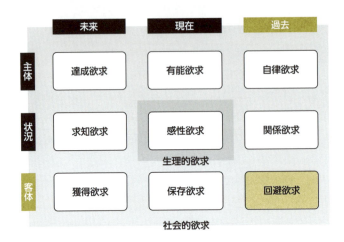

　人間は「得をすること」よりも「損をしないこと」を選んでしまうという心理的傾向を損失回避の法則といいます。心理学の領域で非常に有名な人間の特性を表しています。

　行動経済学の基礎になる理論に「プロスペクト理論」というものが存在します。これは、人間は与えられた情報から、期待値（事象が発生する確率）に比例して物事を判断するのではなく、状況や条件によって、その期待値を歪めて不合理に判断してしまうという人間の特性を説明しています。そして、人間は得られる利益よりも失う損失のほうが強く感情が動くとされています。

　例えば10万円を得られた嬉しさよりも10万円を失う悲しさのほうが大きくなるとされています。ともに同じ金額であるため合理的に考えればどちらも同じ感情の振れ幅であると考えられますが、実際は、失う感情のほうが大きくなるとされています。

　また、有名な実験では①100万円が無条件で手に入る②コインを投げて表なら200万円が手に入るが、裏なら何も受け取れないという選

択肢があった際に、期待値はともに100万円ではありますが、ほとんどの人が①の選択肢を選びます。これも、得られる機会よりも失う可能性があることに対する過度な拒否反応からくる、回避欲求の刺激による行動であると考えられます。

この実験には続きがあり、200万円の負債がある場合という条件を追加してみます。この場合、今度はほとんどの人が②を選択します。これは①を選択しても結局負債が残るのは嫌だという損失回避が強く働き、負債を帳消しできる可能性を優先したことで②が選択されるという面白い実験結果です。

人間の進化の過程を考えてみてもこの特性が人間に備わっていることは極めて妥当です。人間には生存欲求・生殖欲求が基本欲求として存在しており、死を脅かす危険な状態を最優先に避ける行動が喚起されてきたはずです。そういった時代背景から、損を回避する特性が今の時代も形を変えながらも残り続けていると考えられます。

本書では、この損失回避の法則をベースとした、損失を回避することに大きな動機づけがされる人間の特性を、回避欲求と定義しています。損をしたくないという人間の強い欲求を軸に手法を紹介していきます。

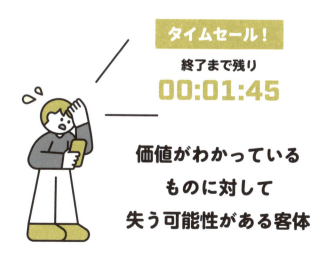

例えば、身の回りの事象で言うと次のような体験をしたことはないでしょうか。

ゲームセンターのクレーンゲーム

最初は軽い気持ちで100円を使ってやってみる、取れそうで取れずにもう一度チャレンジしてみる、結果的に数百円と使ってしまった。ここまで来たらもったいないから取れるまでやり続けようとして数千円を使ってようやく獲得できた、そんな経験はありませんか。これも、回避欲求が刺激されている事象であると考えられます。後ほど紹介しますが、人間は一度使ってしまった時間や費用に対しても無駄にしたくないという回避欲求が働きます。

タイムセール

オンラインショッピングなどでタイムセールを見るとつい詳細を見てしまう経験はありませんか。これも回避欲求が刺激された行動喚起の一種です。タイムセール＝今だけという解釈をすることで、今買わないと損をするかもしれない、だから今見なければいけない、と行動が喚起される手法です。

このように、身近なところに回避欲求を刺激する事例がたくさん存在しています。それでは、この回避欲求を喚起するための手法を紹介していきます。

✚ 保有先行

人間には一度所有したものを手放したくない特性があります。その特性を活用し何らかの形で一度保有させてしまうことで、その後追加コストを自主的に支払わせる手法が「保有先行」です。ここで言うコストは、費用に限らず時間や行動なども含まれます。

人間には「保有効果」という心理効果が存在します。自身で保有する

とそこに愛着が生まれ必要以上にその人にとっての重要性が増すという特性です。例えば、初月無料のサブスクサービス*などもこの手法をうまく活用していると考えられます。無料で入会できるということで入会のハードルを下げ、一度入会すると利用者にとっては一度保有したということになり、今度は解約のハードルが高くなります。そのため、サブスクサービスのように月額で毎月定額をお支払いいただくサービスであれば、初月が無料だとしても継続して課金される金額をトータルで考えれば十分に回収ができるということで、多くのサービスで活用されています。

同様の考え方で、返品無料というキャンペーンも保有先行の手法であると考えられます。まずは手に取ってもらうということが非常に重要であるため、返品もできるのでまずは買ってみてくださいと訴求することは非常に有効です。

購入可能なレンタルサービスもこの手法の活用例であると考えられます。高級家電をいきなり購入することはハードルが高いため、比較的廉価な月額レンタルという形で実際に家電を利用し、実際に欲しいと思った際に残額を支払うと購入ができる仕組みです。これもまさに保有先行の手法をうまく活用した事例です。

> * 正式にはサブスクリプション（継続課金）サービスと呼ばれ、定額利用料金を支払うことで利用できるサービスを指します。

➕ 大盤振る舞い

「大盤振る舞い」は保有先行に近い手法ですが、ゲームの領域で多く用いられている手法であるため、独立した手法として紹介します。

サービス利用初期にはサービス側から多くのものを与え、後から損失の可能性を発生させる手法です。長期間サービスを利用してもらう前提において、サービス利用初期が最も離脱可能性が高いタイミングです。ソーシャルゲームでは、始めたばかりの利用者に対してたくさんのアイテムをプレゼントします。初期の段階でたくさん有利なアイテムを得られることで気持ちよく楽しく遊ぶことができます。

しかし、徐々にこの体験は適正化されていき、有利なアイテムを手に

入れる機会は減っていきます。しかし、そこまで多くの時間を使ってゲームをしていたためやめにくくなるといった形で回避欲求を刺激しています。

非ゲームの領域で言えば、基本無料のサービスで回避欲求を刺激する手法が活用されています。例えば、デジタルデータの保存サービス（クラウドサービス）は全員に一定の容量を無料で使えるようにしています（大盤振る舞い）。しかし、ある程度使っていくと無料プランだと容量が不足していきます。そうなると、そこまで保存してきたデータもあるため、月額費用を払って容量を増やすプランに加入する行動が喚起されやすくなると考えられます。

✚ 連続報酬

価値を先に提供することでの回避欲求刺激をここまで紹介してきましたが、「連続報酬」という手法は行動の積み重ねによって得られる報酬が失われることを回避したいという欲求を刺激します。

これまで積み上げたものを失いたくないという回避欲求を活用し、特定の行動や成果が途切れず続いていることに対して、報酬を与える手法です。

ゲームの領域では、コンボや連続ログインボーナスなど広く活用されています。コンボは、連続で攻撃を成功させるとどんどん攻撃が強くなるような仕様が多く、ここまでコンボが続いていたら途切れさせたくないという欲求が刺激され継続して攻撃を行う行動が喚起されます。連続ログインボーナスは、その名の通り、毎日ゲームを起動することで連続してボーナスが蓄積し、途切れると報酬が途切れてしまうという仕様が多いです。これにより、連続ログインを途切れさせたくないという回避欲求が刺激され、ゲームを起動し続けるという行動を喚起します。

非ゲームの領域で言うと、毎日休まずに学校に行く皆勤賞もまさにこの手法が活用されていると言えます[*]。

> [*] 無理をしてでも学校に行くという強い動機づけにつながってしまうため、子供の健康の観点で最近はこの制度自体もなくなってきていますが、それほどまでに毎日学校に行きたくなるという強い動機づけがあるという裏づけでもあります。

150　③「ついやり続けたくなる」体験を生み出す習慣UX

➕ サンクコスト訴求

先にサービス提供側から価値を提供する手法を紹介しましたが、「サンクコスト訴求」は初めに時間・金銭などの資産を投資させ、サービスからの離脱時などに、その投資について可視化することでサンクコスト*を強く意識させ離脱を踏みとどまらせる手法です。

先の例でも紹介しましたが、クレーンゲームもサンクコスト訴求がされている事例です。手軽な金額で始めて徐々に積み重なってかかった金額が、何も手に入れられないと損をしているという感覚になります。これもまさに回避欲求が刺激され行動が喚起されている例です。

その他にも、サービス退会時に、ここまであなたはこういうことをやってきましたが、退会すると記録が全て失われてしまいます、問題ないですか、と訴求する手法も回避欲求を刺激した離脱防止という行動を促す手法です。

★ 「sunk cost」の日本語読みで「埋没費用」を指します。投じた時間・金銭などを惜しんでやめられないことをサンクコスト効果と言います。

➕ 取り残され感

ソーシャルネットワークサービスの台頭とともに提唱されてきた考え方に、「FOMO」（フォーモ）＝Fear of Missing Outがあります。これは見逃したり取り残されたりすることへの不安を表す言葉です。自分の知らないところで何か楽しいことが起こっているのではないか、自分だけチャンスや情報を取り逃していて、他の人は成功に近づいているのではないかなどと、他人の行動や最新情報が過度に気になり、不安になってしまう状態を指します。これは、2000年にダン・ハーマン博士によって発表された近代的な心理現象です。

この心理現象を踏まえ、みんなが得られている、お得、楽しいなどの機会を、自分だけが得られていないのではないか、という気持ちにさせることで行動を促す手法が、「取り残され感」です*。多くの人が参加

していることを強調し、その機会が失われ得ることを示唆すると効果的です。

ソーシャルネットワークサービス起点での流行は、この手法に起因するケースが多く存在します。音声ソーシャルネットワークサービスが登場した際に、既存利用者の招待でしか参加できないという制約条件を定めたことで、周囲が参加している中で自分は参加できていないという感覚を生み出しました。まさにFOMOの状態、取り残され感を演出し、たくさんの方が当該サービスを使いたいと動機づけされ、招待を求めました。

ゲーム領域で言えば、限定アバターやキャラクターなどを用意することで、周囲が持っているのに自分は持っていないということ自体が取り残され感を生み入手行動が喚起されるという手法は多く使われています。また、非ゲームの領域でも「新常識」などを枕詞に入れることで、それを知らないことはまずい、という危機感を訴求し回避欲求が刺激され、結果として行動が促されるという手法が活用されています。

★ この手法はネガティブな感情を訴求する手法であるため活用には注意が必要です。現実に取り残してしまうのではなく、取り残されてしまうかも、という示唆に留める必要があります。

➕ 横取り恐怖

自分が失う損失があることは許容できたとしても、誰かがその分の利益を得られると感じると、より一層損失を意識します。自身が機会・可能性を手放すことで、その機会を失うだけでなく、代わりに第三者がその機会を得ることになるという構造を作る手法が「横取り恐怖」です。

例えば、事業者が意図したものではないにせよパチンコ・パチスロの世界では「ハイエナ」という言葉が用いられます。誰かが遊んでいるのを後ろで見ていて、やめたタイミングですぐにその台を遊んであたりを狙うやり方（および、そういう打ち方をする利用者）を指します。このような遊び方が存在するため「ハイエナされたくない」という感情が利用者に存在します。自分が今遊んでいる台では全然あたりが出ない状況

で、このまま続けてもあたらないだろうと頭ではわかっているものの、やめた直後に別の人が同じ台を遊び始めてすぐにあたりが出てしまうと「悔やんでも悔やみきれない」という感情になります。実際は自分が遊ぶことをやめた時点で損失額は確定しているものの、それ以上に自分以外の誰かが利益を得るとなった場合に、自分の損失以上の損失を感じることになります。まさにこれが横取り恐怖です。自身の損失に加え、誰かの利益につながるとより一層自身の回避欲求が強く刺激されます。

時限つきチャンス

価値を先に得る、行動の積み重ねを無駄にしたくないというような回避欲求とは異なり、「時限つきチャンス」という手法は何かを獲得できる機会を時間的に限定することで、焦燥感を演出し行動を促す手法です。機会を逸すると損である、と感じさせることでの回避欲求の刺激です。残り時間をカウントダウンするなど、時限性を強調するとより高い効果が生まれます。

先の例で紹介したオンラインショッピングでのタイムセールなどもこの手法の活用例で、この時間だけお得なのであれば今確認しないと損をする、という感覚を喚起するものです。時限が設定されていることで、金銭的な合理性だけではなくそのチャンスを無駄にしたくないという不合理な判断がなされてしまう回避欲求の刺激による行動喚起の手法です。すでにこの手法はマーケティングの世界では広く活用されているためイメージしやすい方も多いのではないでしょうか。

首の皮一枚

「首の皮一枚」は、回避欲求の中でも特殊な手法ではありますが、こちらも効果的な手法です。手痛い損失のリスクを強く実感させることでリスクを顕在化させたくないという回避欲求を刺激した上で、そのリスクが顕在化してしまったときに、かろうじてリスクを回避できる手段を

提示する手法です。

　回避欲求を刺激する1段階目で行動を喚起させる効果と、回避手段が
残っていることの喜びによって、より強く行動を喚起する効果がありま
す。身近な例で言うと、販売終了日を訴求し時限つきチャンスの手法を
活用しつつ、実際に期限が切れた際に、ラストチャンス延長という形で
訴求することで、今度こそは損をしないようにと行動が喚起されるとい
う手法が挙げられます。

　有効期限のあるポイントサービスで、有効期限が切れるとポイントが
消滅してしまうが、期限日でも一度ポイントサービスを利用さえすれば
有効期限が延長される、というのもこの手法を活用した事例です。

✚ 不安訴求

　「**不安訴求**」は、現時点での損失や保有をさせることでの回避欲求刺
激とは異なり、未来の不確定性や、情報の非対称性などを根拠に不安を
訴求し、不安を取り除くための行動を促す手法です。手法の名前の通り、
不安を訴求する手法であるためポジティブなメッセージになりにくく使
うシーンは限られてしまいますが、回避欲求の刺激が強い手法としては
存在するため、ご紹介します[*]。

　例えば、保険商品やセキュリティサービスの広告で、「このままだと
●●」といった訴求は効果的です。このままだと危険かもしれない、損
をしてしまうかも、というような広告もご覧になったことがある方も多
いのではないでしょうか。

　また、直接的な不安訴求とは異なりますが、同じ考え方の事例として
は、縁起物が存在します。例えば、お守りなども良い例です。交通事故
に遭わないようにお守りを買うという行動も、自身に降りかかる未来の
リスクに対して何か行動をしようとする回避欲求を刺激した結果生まれ
る行動と考えられます。

---

[*] 不安を訴求することで、してはいけないことの行動を促すという悪用（アンチパターン）は
厳禁です。例にもあるように、セキュリティのリスクを正しく伝えて、正しい行動（セキュ
リティ対策行動）を促すという形での活用を本書では想定しています。

➕ 保証

　ここまで説明してきた通り、人間は損失を回避したいと考える生き物です。そのため、損失を発生しないようにできるとなると回避欲求が刺激され、行動が喚起されます。

　望み通りの結果が得られなかったとしても、そのために行った行動や投資が全て無駄になることはなく、何らかの形で少なからず報われることを保証するやり方が「保証」という手法です。

　例えば、パチンコ・パチスロの領域には「天井」という機能が存在します。1回1回確率で結果が決定するという遊びに対して、特定の回数で必ず結果が得られるという機能です。これにより、毎回確率で抽選する場合、全然あたらない可能性が残りますが、天井まで一定回数実施すれば必ずあたるという保証を用意することで、安心して臨むことができるようになります。はずれなしのくじ引きなどもこの手法を活用していると考えられます。

　保証の最も活用しやすい手法はこの天井の考え方で、1回1回の結果は確率などによってあたりはずれがあるものの、規定回数でもあたらなければ必ずあたるようにする、というやり方を取り入れることで、1回1回の行動のハードルを下げることができます。

➕ 一縷の望み

　「一縷の望み」は、首の皮一枚の手法と似ていますが、一度望み通りの結果が得られなかったとしても、再度機会が与えられるようにする手法です。首の皮一枚についてはリスクを訴求しリスクが顕在化した際に回避できる手段を用意する手法です。一縷の望みについては一度リスクが顕在化した際にそのリスクを回避するのではなく、もう一度チャンスを与えるという意味で異なります。

　例えば、敗者復活戦もこの手法です。一度チャレンジを行って、負けてしまった後に再度勝ち上がれるチャンスを得られる仕組みです。

✚ 第三者保証

　第三者が発信する情報は当事者が発信する情報よりも信憑性が高いという心理効果として「ウィンザー効果」というものがあります。人間は損をしたくないという特性から商品購入やサービス利用に関しても事前に可能な限り情報を収集する傾向があります。その中で、第三者が発信している情報は信頼できると考えます。第三者がポジティブな評価をしている場合、失敗の可能性が低い＝損失を回避できると利用者は考え、購買行動やサービス利用行動が喚起されます。

　この特性を踏まえ、当事者でもサービス提供者でもない第三者が、サービスや商品の価値を高く評価していることを示す手法が、「第三者保証」です。

　わかりやすい例で言えば、評価サービスの「レビュースコア」です。他の利用者が、高いレビュースコアの評価をつけていると、そのサービスの利用は損をしない、と回避欲求が刺激され行動が促されます。

　その他にも、有名人が使ってお勧めしているものは失敗確率が低いと感じたり、口コミなど友人から紹介されると損をしないだろうと感じたりする傾向も存在し、これらは全て損失を回避したいという回避欲求の刺激から行動が喚起されているものと考えられます。

✚ ハッピーブラインドネス

　「ハッピーブラインドネス」は、これまでの自分の選択・行動が正しいものであったと確信できるよう、利用者にとってポジティブな情報しか目に入らないように調整する手法です。人間は、失敗したくないからこそ自身の選択や行動の正解を確かめたくなりがちです。そして、その正解がポジティブなものであれば継続して利用する価値がある（損をしない）と解釈し、継続的な行動が期待できます。

　例えば、観光施設内に置いてある感想ノートなどもまさにこの手法が活用されており、ポジティブなコメントばかり載っているノートを見て、

自身の選択や行動は間違っていなかったと確信し、次の行動につながりやすくなります。

　メルマガで、他利用者のポジティブな意見を紹介する、というのもまさにこの手法です。結果によらずポジティブな情報を得られる機会を用意することで、今後の継続利用が促されるようになります。

　集団の状態を指す用語として「エコーチェンバー現象」というものが存在します。これは、閉鎖的な情報空間において価値観の似た者同士が交流・共感し合うことで、特定の意見や思想が増幅する現象です。ハッピーブラインドネスも、同じような人が集まる場を用意することで、自身の選択・行動が正しかったと評価されやすくなることを活用しています。

COLUMN　マレーの欲求

　長い人類史の中で、多くの先人たちが人間の本質理解を目指してきました。その中から、心理学者であるヘンリー・A・マレーが1938年に提唱した、人間の欲求分類を紹介します。人間の欲求をリストの形式で細かく定義しており、人間理解を進めていく上で多くの示唆を得ることができます。同氏は、欲求を大きく心理欲求（Psychogenic Needs）と臓器欲求（Viscerogenic Needs）の2つに分類し、それぞれに対し多くの欲求リストを定義しています。心理欲求は心理的および社会的な要因から生じる欲求であり、個人の精神的健康や社会的関係に関わるものとし、臓器欲求は生理的および身体的な必要性であり、生命維持に不可欠な欲求として定義されています。

　例えば心理欲求では以下のような欲求が定義されており、個人の行動や動機を理解する際に、非常に参考になります。一部を紹介しますので、なぜ人間がこのような行動をしたのか、どうして動機づけられるのか、といったシーンで是非参考にしてください。

達成欲求	Achievement	困難な課題を達成し、障害を克服すること
承認欲求	Recognition	自分の業績を他人に認めてもらうこと
展示欲求	Exhibition	自分の行動や言葉で他人を驚かせたり感動させたりすること
獲得欲求	Acquisition	物を手に入れること
秩序欲求	Order	物事を清潔に、整然と保つこと
保持欲求	Retention	物をため込むこと
建設欲求	Construction	何かを作り上げること
回避欲求	Infavoidance	自分の欠点や失敗を隠すこと
防衛欲求	Defendance	攻撃や非難から自分を守ること
中和欲求	Counteraction	失敗を補うために再挑戦し、障害を克服すること
支配欲求	Dominance	他人を支配し、影響を与えること
服従欲求	Deference	他人に従い、指導を受けること
親和欲求	Affiliation	他人と親密な関係を築くこと
拒絶欲求	Rejection	他人を拒絶し、距離を置くこと
援助欲求	Nurturance	他人を助け、世話をすること
保護欲求	Succorance	他人の助けや保護を求めること
遊戯欲求	Play	楽しみや娯楽を追求すること
感受欲求	Sentience	感覚的な経験を追求すること
理解欲求	Understanding	知識や理解を深めること
認知欲求	Cognizance	知識を得ること
探求欲求	Exposition	他人に知識を伝えること
反抗欲求	Contrariance	他人に反抗し、対立すること
攻撃欲求	Aggression	他人に対して攻撃的な行動を取ること
自律欲求	Autonomy	自分の意思で行動すること
変化欲求	Change	新しい経験や変化を求めること
持続欲求	Perseverance	困難な状況でも粘り強く続けること

ゲームフルデザインを使いこなす、ゲームフルデザインボード

　ここまで、9つの欲求と各欲求に紐づく具体的な手法を紹介してきました。手法については、かなり具体的な細かい内容まで分解して紹介したため相当の数になりました。ゲームの企画開発ノウハウからの経験則と、人間理解の文脈を掛け合わせて体系化した手法ではあるため、少々難易度は高くなりましたが、ゲームをはじめとするエンタテインメントの人を夢中にさせる力を活用するために必要な手法の体系化という意味では最も実践的かつ効果的な手法がまとまっているはずです。

　ここまで紹介してきた手法を分類定義すると次のようになります。類似手法は1つのマスでまとめて紹介する形に分類していますが、この101の手法はゲームフルデザインを考えていく上で実践的で重要な手法ですので是非活用ください。

未来 →

主体（環境軸）

踊り場	相対的進歩表現	非連続成長
進捗可視化と段階ゴール	**達成欲求** 人は「進歩実感」によって動機づけされる特性	ストックポイントとアチーブメントシンボル
進行サポートと機能制限	緊張の緩和	達成演出

状況（環境軸）

不確実性トッピング	イースターエッグ	ランダムビジュアライズ
外部環境インタラクション	**求知欲求** 人は「偶然性と好奇心」に動機づけされる特性	おまけくじとオープン懸賞
イベントフラグとマルチシナリオ	ランダム報酬とランダム増減	期待値超過設定

客体（環境軸）

レアリティ定義とビジュアライズ	供給制限と獲得可能数制限	需要アピール
ニンジンぶら下げ	**獲得欲求** 人は「希少性」に動機づけされる特性	ダウンタイムとタイミング制限
手法制限	属性制限	確率的制限

時間軸 →

現在			過去		
ルール明示	トレードオフ	サンドボックスとあそび	ストーリーテリングと世界観	アバター貸与	一石二鳥チュートリアル
複数最適解	**有能欲求** 人は「創造性」を発揮できていると実感することによって動機づけられる特性	ポジティブフィードバック	使命感と社会貢献化	**自律欲求** 人は物事を「自分事化」できると動機づけられる特性	特別扱いと理解者的コミュニケーション
組み合わせシステムとブースター	自律的選択	ショーケース	所属意識と仮想敵	ベテランインセンティブ	原体験想起

視覚的インパクト	眩暈感	リズム	メンターシップと互酬の機会	関係性ラベリングと社会的対象化	共通目標と貢献実感
アート的魅力	**感性欲求** 人は「非思考的な感覚」で動機づけされる特性	怖いもの見たさ	社会的規範とトレンド	**関係欲求** 人は「他者を意識すること」によって動機づけされる特性	ドヤスペースと社交場
身体アクション	五感的快	アンダーコントロール	禁断の果実	対抗心と序列化	変身ベルト

生理的欲求

セルフビルドとアレンジ	コミットメント	日常的接点	時限つきチャンス	不安訴求	保証と一縷の望み
もやもやスッキリ	**保存欲求** 人は「愛着」や「一貫性欲求」によって動機づけされる特性	未完成状態とコレクションセット	保有先行と大盤振る舞い	**回避欲求** 人は「損失を回避すること」に動機づけされる特性	ハッピーブラインドネスと第三者保証
クイックルーティン	パーソナライズとヒストリー機能	ネームプレート	連続報酬とサンクコスト訴求	取り残され感と横取り恐怖	首の皮一枚

社会的欲求

3

3

ゲームフルデザインを使いこなす、ゲームフルデザインボード

> **COLUMN** ゲーミフィケーションカードと
> ゲームフルデザインボード

第1章末のCOLUMNで紹介した「ゲーミフィケーションカード」は、このゲームフルデザインボードの101個の手法をそれぞれ視覚的にわかりやすくイラストで表現したものです。

共通目標

首の皮一枚

未完成状態

踊り場

ゲームフルデザインの
社会実装

　前章まででゲームフルデザインの手法については定義できたので、ここからは具体的な活用方法についてまとめていきます。ゲームフルデザインを瞬間UXと習慣UXに分類し、無意識・意識・粘着性の3種類に定義した上でここまでその手法について細かく説明してきました。

　ここからはそれらの手法を活用して具体的な取り組みに昇華させていくプロセスを紹介していきます。本書では、ゲームフルデザインの設計プロセスとして「WHY-WHAT-HOW」の3段階プロセスを紹介します。

人の内発的動機づけを通じて行動変容を促し、課題を解決するアプローチ		
ゲームフルデザイン		
瞬間 UX		習慣 UX
無意識 （ついやってしまう）	意識 （ついやりたくなってしまう）	粘着性 （ついやり続けてしまう）
8つの構成要素	2つのトリガーと 構成要素	9つの欲求と欲求を 刺激する手法
初期設定／情報開示 単純化/容易化／わかりやすさ 同調／リマインダー フレーミング／エラー予測	物理的トリガー　心理的トリガー 期待　社会規範 類推　好奇心 　　　不協和	達成欲求　有能欲求　自律欲求 求知欲求　感性欲求　関係欲求 獲得欲求　保存欲求　回避欲求

④ ① WHY：なぜ課題解決アプローチを行うのか

登場人物

「課題解決をしたい」というスタートラインに立っている時点で、解像度の高低にかかわらず、何か課題感がある状態です。この段階での課題認識は、例えば「ゴミのポイ捨てが多い」「自社の特定の商品の販売が不調」など、提供者側が主語となる悩みとなっているケースが多いかと思います。この悩みの段階から、課題解決に向けて解像度を高めていきます。

ここまでの説明の通り、ゲームフルデザインのアプローチは人間の行動変容によって結果的に課題を解決するアプローチです。そのため、提供者側が主語となっている悩みを提供者側と提供を受ける側の両側面の視点で捉え直す必要があります。

そのため、まずは登場人物をシンプルに定義していきます。

✚ 提供者

悩みを持つ当事者です。言い換えれば、その悩みを解決することで直接的に便益を得られる人[*]です。例えば「ゴミのポイ捨てが多い」という例で言えば、ゴミのポイ捨てが多い地域の担当行政もこの提供者に該当します。自宅の目の前にゴミのポイ捨てがなされる、という話であれば自宅の住人が提供者に該当します。それぞれ、行政が提供者の場合は、ゴミのポイ捨てがなくなれば、清潔な街作りがなされることで、例えば住民の満足度が上がり転出率が下がり転入率が上がることが期待できますし、ゴミの清掃にかかっている費用が削減できるなど財政的なメリッ

164 ④ ゲームフルデザインの社会実装

トも考えられます。これは十分にこの課題を解消する理由になります。

特定の住民が提供者の場合は、ゴミのポイ捨てがなくなることで、不快感の解消や掃除の手間がなくなるなどの具体的なメリットが考えられます。

悩みを解消することで、具体的な便益が想定できなければそれは悩みとは捉えられません。便益を意識して提供者を定義していきます。

★ 個人や法人など対象は任意に捉えることができます。

➕ 被提供者

提供者の悩みに対して直接的に関わる当事者です。ゴミのポイ捨てが多いという提供者の悩みであれば、被提供者はゴミをポイ捨てする人です。提供者と被提供者は悩みをハブにして対になる存在です。

ここで注意したいのは、提供者側は個人に限らず法人などの集団を当事者として定義することが可能ですが、被提供者は個人を対象とする必要があります。ここで言う個人は特定の1人という意味ではなく、例えばゴミをポイ捨てする人、という共通特徴で捉えられる人を指します。また、属性や特徴などのいわゆるペルソナ★ではなく、特定の行動を行う（行わない）人、という行動をベースに定義を行う必要があります。「自社の商品の販売が不調」という提供者の悩みがあった場合は、30代男性年収500万円以上、といった属性や特徴ではなく「自社の商品を知ってはいるものの購入をしない人」などの実在する具体的な行動者が被提供者の定義となります。

★ 心理学者のカール・グスタフ・ユングが提唱した概念です。仮面を意味する「Persona」から生まれた言葉で、心理学においては、人間が社会的な環境に適応するために使い分ける外的側面、すなわち他人から見える自分を指します。人間は環境に応じてさまざまな自分を見せるという考え方です。転じて、マーケティングの領域では、特定の商品やサービスを販売する際に、その商品やサービスの潜在的な顧客層やユーザーを具体的にイメージ化したもの、すなわち具体的な人物像（あたかも現実に存在するような架空の顧客プロフィール）をペルソナと呼びます。

提供者の抱える悩みは単純なものから複雑なものまであると考えられますが、具体的な解決を図っていく上で、課題をシンプルにするために

4

1

WHY：なぜ課題解決アプローチを行うのか

165

当事者を提供者と被提供者の2者で定義していきます。

　ステークホルダー（関係者）という考え方を含めると3者目、4者目と増やすことはできますが、ゲームフルデザインを考える際は、まずはコアとなる最小単位である2者で定義していくことで課題解決の道筋を明確にしていきます。

　当事者が明確に定義された後は、それぞれの当事者の悩みや行動がどう変化するのか、すべきなのか、を定義していきます。

AS-ISとTO-BE　現状の把握とあるべき姿

　提供者と被提供者が定義されたところで、それぞれの解決すべき悩み、すなわちWHY（なぜ課題解決を行うか）を定義していきます。

✚ 提供者

　登場人物定義の段階で悩みを定義しているため、提供者側の**AS-IS**（どうなっているのか）/**TO-BE**（どうなりたいか）は非常にシンプルになります。まずはAS-IS（現状の把握）について、次のように整理します。

> （対象物）が（状況）となっており（問題）が発生している

　例えば、自治体が提供者で、ゴミのポイ捨てが多いという悩みの場合

> 「ゴミが特定のエリアにポイ捨てされている状況となっており、近隣住民からクレームが発生しており清掃作業の費用が拡大している」

と整理ができます。

　ここでは可能な限り、具体的な内容に落とし込むようにします。

　先の例であれば、ゴミがポイ捨てされることで特にどのような問題が

起こっているのかなど、可能な限り具体的に定義をしていきます（例で言うと近隣住民からのクレームという具体的な問題が発生している）。

その上で、提供者としてどうありたいか（TO-BE）を次のように整理します。

> （対象物）が（状況）となることで（なりたい姿）となり（便益）がある

ゴミのポイ捨ての例で言えば、

「ゴミがポイ捨てされない状況となることで、ゴミのない街並みが実現され、清掃作業費用を圧縮することができる」

と整理ができます。

ここまでの整理によって、WHY（なぜ課題解決を行うのか）が明確に定義されます。文面の調整は必要ですが、TO-BE そのものが WHY にあたります。

先の例で言えば、

「ゴミがポイ捨てされないゴミのない街並みを実現し、清掃作業費用を圧縮するため」

と言うことができます。

これが、ゲームフルデザインの設計プロセスとして紹介する WHY-WHAT-HOW の3ステップの最初のステップ WHY の定義となります。

その上で、WHAT のプロセスに進むにあたり被提供者の AS-IS/TO-BE を定義していきます。

➕ 被提供者

　被提供者は、悩みに対して直接的に関わる当事者であり、属性ではなく特定の行動をする（しない）人と定義しました。

　提供者については、元々提供者の悩みがある前提で検討を進めるためイメージがしやすいのですが、被提供者については悩みの段階では具体的に登場してこないため感覚的に捉えにくいかもしれません。被提供者を考えるときに「悩み（ペイン）」「喜び（ゲイン）」「代替手段」の3点を意識して考えていきます。

1. どのような悩みを抱えているか
2. どのような喜びを求めているか
3. 悩みの解決や喜びのために現状何でそれを代替しているのか

上記3点を考えていきます。
例えば、ゴミのポイ捨てをする人を被提供者としたときには、

1. ペイン　　：罪悪感は持ちつつもゴミ箱が近くにないのでやむを得ずポイ捨てする
2. ゲイン　　：ゴミが出てしまうが、罪悪感なく食べ物を食べたい
3. 代替手段：ゴミ袋を常に持っておく

という3つの視点が考えられます。
3つの視点で考えたのちに、次のように整理します。

> （理由）で（状況）のときに（できない / しない / できる / する）

先のゴミのポイ捨てを例にとると、

「ゴミ箱が近くにないので、ゴミ袋を持っていないときにポイ捨てしてしまう」

と定義することができます。

これが被提供者のAS-ISです。では、被提供者のAS-ISが解消されるとどうなるかのTO-BEを考えます。基本的にはAS-ISに呼応する形で定義されるため、シンプルに次のように整理できます。

（できる）ようになる

先の例で言えば

「ゴミ箱がなくてもポイ捨てしないようになる」

ということができます。

ここまで、感覚的にも定義が可能な部分ではありますが、改めて一般化しながら考え方を整理し、提供者と被提供者のそれぞれのAS-IS/TO-BEを整理しました。これにより課題解決をする理由（WHY）が明確になり、提供者と被提供者が定義されました。

改めてまとめると、次のように整理することができます。

提供者

AS-IS ：「ゴミが特定のエリアにポイ捨てされている状況となっており、近隣住民からクレームが発生しており清掃作業の費用が拡大している」

TO-BE：「ゴミがポイ捨てされない状況となることで、ゴミのない街並みが実現され、清掃作業費用を圧縮することができる」

WHY ：「ゴミがポイ捨てされないゴミのない街並みを実現し、清掃作業費用を圧縮するため」

被提供者

AS-IS ：「ゴミ箱が近くにないので、ゴミ袋を持っていないときに
　　　　ポイ捨てしてしまう」
TO-BE：「ゴミ箱がなくてもポイ捨てしないようになる」

提供者		被提供者	
自治体		ゴミのポイ捨てをする人	
(対象物)が(状況)となっており (問題)が発生している ゴミが特定のエリアにポイ捨てされている状況となっており、近隣住民からクレームが発生しており清掃作業の費用が拡大している	**AS-IS**	(理由)で(状況)のときに (できない／しない／できる／する) ゴミ箱が近くにないので、ゴミ袋を持っていないときにポイ捨てしてしまう	
(対象物)が(状況)となることで (なりたい姿)となり(便益)がある ゴミがポイ捨てされない状況となることで、ゴミのない街並みが実現され、清掃作業費用を圧縮することができる	**TO-BE**	(できる)ようになる ゴミ箱がなくてもポイ捨てしないようになる	

WHY

ゴミがポイ捨てされないゴミのない街並みを実現し、清掃作業費用を圧縮するため

課題定義の考え方

　前項で提供者、被提供者とWHYについての考え方を紹介しました。次に、課題解決のために何をするのか（WHAT）を考えていく上で、課題の粒度を合わせていきます。ゲームフルデザインは、ポジティブな感情で人間の行動が変わり、結果的に課題が解決される考え方です。そのため、課題の粒度を合わせる際に、人間の行動にフォーカスしていきます。

　本書ではこの課題の粒度を4つの要素で定義しています（詳細は2-1の「ビヘイビアデザインを通じた課題解決アプローチ」を参照）。

① 誰が（WHO）　　　　　　　：先に定義した被提供者

② どのシーンで（WHEN）：対象の行動をとる状況
③ どの選択肢で（WHICH）：行動の選択肢
④ 何を選ぶべきか（GOAL）：取ってほしい行動

これを3W1Gという課題設定手法と定義しています。

例えば先の例で言えば、

WHO 　：ゴミ箱が近くにないので、ゴミ袋を持っていないときにポイ捨てしてしまう人が
WHEN 　：外で食べ物を食べたり、飲み物を飲んだりしたときに
WHICH：ゴミを持ち帰るか、ゴミ箱を探して捨てるか、ポイ捨てするかの選択肢で
GOAL 　：ゴミを持ち帰るか、ゴミ箱を探して捨てるかを選択する

となります。

被提供者が取るべき行動を意識して言語化することで、促したい行動を明確にすることができます。健康促進のために駅のエスカレーターではなく階段を使ってほしいという提供者がいた場合は、

WHO 　：駅でエスカレーターを使う人が
WHEN 　：通勤で電車に乗るために駅を使うときに
WHICH：エスカレーターか階段の選択肢で
GOAL 　：階段を選択する

となります。

④② WHAT:
課題解決のために何をするのか

課題解決のコアアイデア

　課題解決につながる人間の行動変容をWHATで定義していきます。前節で、WHYについて考えていく中で提供者・被提供者を定義し、課題の粒度を合わせました。

　本節では、提供者と被提供者それぞれのAS-ISをTO-BEに進捗させるための「コアアイデア」を定めていきます。提供者と被提供者は、当然立場は異なりますし思惑も異なります。その中で、それぞれがTO-BEに進捗したくなる・進捗する、ある意味両方の目的を果たす1つのコアアイデアを定めていきます。さまざまなやり方が考えられますが、本書では、私が普段よく使っている「原体験アナロジー*」と「ランダムフラッシュ」を紹介します。

> ★ 「類推」と訳される、ある事柄をもとに、その類似性に着目して他の事柄をおしはかって考えることを指します。

```
              提供者                              被提供者
              自治体                          ゴミのポイ捨てをする人

   （対象物）が（状況）となっており          （理由）で（状況）のときに
        （問題）が発生している              （できない / しない / できる / する）
                                  AS-IS
   ゴミが特定のエリアにポイ捨てされている状況       ゴミ箱が近くにないので、ゴミ袋を持っていない
   となっており、近隣住民からクレームが発生し       ときにポイ捨てしてしまう
   ており清掃作業の費用が拡大している
```

提供者と被提供者が同時に AS-IS→TO-BE に進捗するコアアイデア

```
   （対象物）が（状況）となることで              （できる）ようになる
   （なりたい姿）となり（便益）がある
                                  TO-BE
   ゴミがポイ捨てされない状況となることで、ゴミ      ゴミ箱がなくてもポイ捨てしないようになる
   のない街並みが実現され、清掃作業費用を圧縮す
   ることができる
```

手法① 原体験アナロジー

　心理学の領域において**ヒューリスティック**という人間の特性があります。問題解決や意思決定において、完全な回答を見つけるための厳密な方法が存在しない、またはそれが難しい場合に直感的に近似的な回答を見つけるために経験則を用いる考え方です。情報爆発時代において全ての情報を入手して全てに明確かつ合理的な判断を行うことは非常に難しくなっています。そのため経験則に頼り、瞬間的に判断する傾向があります。日常的に直面する多くの問題を解決する際に非常に有用ではあるものの、いわゆる「直感」や「勘」に過ぎないため、誤った結論を導く可能性があります。

　ヒューリスティックには例えば以下のような種類があります。

代表性ヒューリスティック

見た目や特徴などの典型的なイメージに基づく経験則からの決めつけです。例えば、小ぎれいな格好をしている中年男性と、少々小汚い格好をしている中年男性が並び、どちらかが大企業の社長でしょうか、と質問をされた場合に多くの方が前者のほうを社長と考えます。

冷静に考えれば、詳細の情報を知らない状態で身なりだけで社長かどうかは判断できないはずです。一方で、これまでの人生の中でテレビだったり職場だったりで、大企業の社長は小ぎれいな格好をしている姿を見るシーンが印象づけられていると、2択を迫られた場合に、その経験則にそって前者を選びがちになります。これが「代表性ヒューリスティック」です。

利用可能性ヒューリスティック

自分の入手しやすい情報や思い出しやすい情報に基づく経験則からの決めつけです。例えば、夏の甲子園で前年優勝校と今年初出場の高校が1回戦でぶつかり、どちらが勝つかの2択があった際に、多くの方は前者を選択します。代表性ヒューリスティックと同様、こちらも昨年は昨年で、今年は今年の選手層があり地方予選での戦い方や結果があります。本来それらの情報をもとに、どちらのチームが勝ちそうか冷静に判断をすべきです。決して去年優勝したから今年優勝するとは限りません。情報量が限られる際に、思い出しやすい情報に基づく決めつけを人間はどうしてもしがちです。これが「利用可能性ヒューリスティック」です。

感情ヒューリスティック

いわゆる「何を言うかではなく誰が言うか」もこれにあたります。1つ例を使って説明していきます。会社で発生した課題に対してAさんは●●という解決策を導き出します。その上でこの解決策を会社に提案を

していきます。しかし、このＡさんはこれまで社内で特筆した成果を出せておらず、普段からミスが多い人材です。しかし、このＡさんが今回出した解決策は極めて合理的で、対象の課題に対しては最適な解決策になっていました。一方でＢさんも同様に●●という解決策を導き出します。Ｂさんは、普段から社内で高い成果を上げており、上層部の方にも非常に気に入られており社内でも一目を置かれている存在です。まずはＡさんが上司に●●を提案します。そうすると上司は●●という手法は正しくないと考え棄却します。その後Ｂさんが同じ上司に●●を提案すると、上司はやってみようとなります。これは極端な例ですが、●●の手法自体はＡさんもＢさんも同じにもかかわらず、上司はＢさんからの提案を採用します。ＡさんＢさんのこれまでの実績や振る舞いによって、上司の心象に差が生まれ、提案内容の良し悪しを判断してしまうため、このような不合理な結果が生まれます。これが「感情ヒューリスティック」です。

　このような、人間の直感的な判断を活用しコアアイデアを創出していきます。

　今考えるべきは提供者と被提供者それぞれのAS-ISをTO-BEに進捗させる双方良しとなるアイデアです。立場が異なる双方にとって良しとなるアイデアを考える難易度は高く、感覚的・ひらめき・発想力に一定依存します。いわゆるアイデアマンの方であればその高い発想力によってコアアイデアを導くことができますが、本書で説明する手法は、属人的な能力依存度を下げ、誰もがアイデアを導くことができる考え方です。この手法を私は「原体験アナロジー」と呼んでいます。

　ヒューリスティックの考え方の通り、人間は過去の経験によって瞬間的な判断をします。そのため、現時点でポジティブな感情変容・行動変容につながるコアアイデアを考えようとする際に、ポジティブな感情変容を引き起こした、夢中になった過去の体験を題材として考えます。当時の感情変容を引き起こした事象の構造を現在の課題に当てはめれば、被提供者は瞬間的に当時のポジティブな感情変容を得やすくなる、と考

えることができます。

　同様の仕組みが流行の一因になったと考えられるのが、ポケモンGO
です。このゲームは、現実世界そのものを舞台に実際に歩くことで、ゲー
ム上のキャラクターも移動し、町中を歩き回ってポケモンを捕まえてい
くというゲームです。全世界で大ヒットしたゲームで、そのヒットの要
因は複雑かつ多岐にわたると考えられますが、高齢者の方にも多く受け
入れられた要因の1つにはこのヒューリスティックが影響していると私
は考えています。

　ポケモンを捕まえるときに、画面上に現れるポケモンに対してモンス
ターボールをフリックすることで投げることができます。この体験、何
かに似ていませんか。私は、虫取りをした経験を思い出しました。近所
の原っぱで虫取り網を持ってバッタなどを捕まえる、そんな経験が思い
出されます。現代の、少なくとも都市部ではなかなか見られなくなった
原風景ですが、数十年前にはごく当たり前の風景でした。そのときの楽
しかった思い出がポケモンGOに触れたことで想起され、瞬間的に「面
白い」という判断がされたのではないかと1つの仮説として考えています。

　心が動かされる発想は意外性（思いつかなかったけど）と共感性（言
われてみたら確かに）の組み合わせであると本書では定義しています。
原体験アナロジーは過去の経験をアナロジーとして用いる点で意外性を
満たし、先ほどの虫取りのように多くの方が経験したことのある経験を
用いることで共感性も同時に満たすことができます。

　それでは早速、原体験アナロジーの手法を紹介していきます。大きく
以下の4つのステップで構成されます。

1. 原体験を洗い出す
2. 共感性の高い原体験をピックアップする
3. 共感性の高い原体験の感情を一般化する
4. 提供者／被提供者のTO-BE進捗に当てはめる

1 原体験を洗い出す

1人でもできますが、複数人での実施を推奨しています。まずは参加者がそれぞれ個人ワークで過去にポジティブな感情となった経験を洗い出します。粒度をそろえるために次のフォーマットに沿った形での書き方をお勧めします。

> （いつ）、（行動したときに）、（何が起き）、（どう感じた）

例えば「大学生時代、釣りに行ったときに、めちゃくちゃたくさん魚が釣れたのが、面白かった」などです。このフォーマットに沿って、決められた時間内*に可能な限り洗い出していきます。幼少期から社会人まで時間軸は問わず、面白かったこと嬉しかったことなどをとにかく印象に残っているものを洗い出していきます。後続のステップにて内容の精査を行うためこの段階では、原体験の良し悪しは気にせずたくさん出すことを意識します。

> ★ 慣れや参加人数にもよりますが、全体で10個程度の原体験が出ると後続のステップが進めやすいので、4人で実施する場合は5分程度で1人2〜3個出す、という形が目安になります。

2 共感性の高い原体験をピックアップする

複数人で実施する際は、各自が1で洗い出した原体験を発表し合います。その上で、「同じ体験をしたことがあり、同様に感情が高ぶった」「自分は実際に体験したことがないけれど、確かにそれは嬉しいと思う」などの共感性を評価していきます。共感性の高い原体験に投票し合い、得票数が多い原体験は多くの方に共感してもらえる可能性が高いと評価できます*。

> ★ 共感性の高い経験がたくさん出てくることは良いのですが、後続のステップで検討する対象が増えてしまうため、1人あたり参加人数 -1票（2人の場合1票）の投票権を持ち投票をすることで共感度の高い原体験を絞り込みやすくする方法はお勧めです。ちなみに1人で実施するときはこの2の工程は飛ばして3の工程に進みます。

✚ ③ 共感性の高い原体験の感情を一般化する

投票が終わると、得票数によって原体験の順位が決定します。同票も含め上位3アイデア程度に絞り込みます。これが、原体験から導いた意外性と、他の参加者が共感する共感性を兼ね備える良い発想の種となります。

次にこのアイデアの種を現在解決したい課題にあてはめる（これをフォアキャストと呼んでいます）ために、一般化していきます。先ほど例に挙げた「大学生時代、釣りに行ったときに、めちゃくちゃたくさん魚が釣れたのが、面白かった」が得票数が高かったとして考えていきます。

まずは、原体験の時間軸の中で最も感情が高ぶるポイントを、発表者を中心に深掘りしていきます。先ほどの例で言えば「魚がたくさん釣れた瞬間」なのかそれとも異なるのか、ということを深掘りしていきます。例えば「魚をたくさん釣って家に持ち帰って家族が喜んでくれたとき」という可能性もあり得ますので、一連の行動の中で本当に最も感情が高ぶるポイントを特定します。本書ではシンプルに「魚がたくさん釣れた瞬間」とします。その後、一般化をしていきます。

一般化する際に考えるポイントは「いつ」「何が」「なぜ」嬉しかった/楽しかったのかの3点です。先の例で言えば、いつ＝魚がたくさん釣れた瞬間です。では「何が」と「なぜ」を考えていきます。魚が初めて釣れた瞬間ではなく、あえて「たくさん」とあるため、「たくさん釣れる」部分に感情の高ぶりのポイントがあると考えられます。例えばどんどん入れ食いで釣り上げることができ、持ってきたバケツがいっぱいになることに達成感を感じられた、ということも1つかもしれません。では、なぜバケツがいっぱいになると嬉しいのか。普段は1匹も釣れないときが多く滅多にバケツがいっぱいになることがないからこそ、バケツがいっぱいになるほど釣れることが嬉しかった、と考えられます。結果、この例で言えば、

いつ＝「魚がたくさん釣れた瞬間」

何が＝「バケツいっぱいになるほどに釣れたことが」

なぜ＝「普段はほとんど釣れないことが多いため」（嬉しかった）

ということができます。

　つまり「普段はなかなかできないことが、たくさん成功できる」ことが嬉しいと一般化されます。

　このように、発案者を中心に「いつ」「何が」「なぜ」を深掘りしていきます。

　「何が」「なぜ」の考え方は、発案者の発想力やヒアリングする方の質問力にも依存する部分ではあるため、発想・質問をする際に参考にできる簡単な構造を紹介します。

　人間の感情がポジティブに変容するとき、そこにはコストとリターンがセットで存在します。

　何もネガティブなことがなくポジティブなことだけが起こっても当然嬉しいのですが、その嬉しさは限定的です。面白さの程度は感情の振れ幅そのものであると私は考えています。

　つまり、利用者は多くのストレスを感じてネガティブな感情が高まった上で、それを解放するかのようにポジティブな結果が生まれることで、そこに面白さを強く感じることができると考えています。

　例えば、ロールプレイングゲームにおいて、何度も何度もボスに挑むも倒せない、雑魚敵を何度も何度も倒してレベルアップさせて強くなってからボスに挑んで倒せるようになる、というゲームの設計方法があります。一般的にデジタルサービスは使いやすさが求められ、利用者のストレスを極限まで最小化することが一般的です。もちろんこの考え方自体を否定するつもりはありませんが、ストレスのないサービスはなめらかではあるものの、それだけで感情が高ぶったり夢中になったりはしません。コストと呼ばれるストレスやネガティブな感情があるからこそポジティブな結果の喜びが増し、夢中になっていきます。ゲーム以外で言

えば、例えば次のようなものが挙げられます。

- 練習をたくさんした結果、地区大会で優勝できた
- 何年も我慢した上で、ようやく花が咲いた
- 大金を使って、欲しかった時計を買った

　それぞれ前者にコスト、後者にリターンが並びます。ここで言うコストは金銭的なコストに限りません。肉体的な負担、精神的な負担、時間的投資、金銭的投資の4種類のコストを本書では定義します。
　リターンについては以下の4種類で考えるとわかりやすいため、実務的解釈によるものではありますが本書ではこちらを使用します。

1. セロトニン的幸福（心と体の健康）[1]
2. オキシトシン的幸福（つながりの愛）[2]
3. ドーパミン的幸福（成功の高揚）[3]
4. エンドルフィン的幸福（苦痛からの解放）[4]

　[1]　神経伝達物質の一種。精神を安定させて幸福感を得やすくし、ストレスの軽減や睡眠の質向上の作用が期待できるとされています。
　[2]　愛情ホルモンとも呼ばれ、子育てや他個体との関わり合いなどで生成されるとされています。
　[3]　中枢神経系に存在する神経伝達物質の一種。運動機能や認知機能など行動に強く影響し、また報酬系での快情動を誘発するとされています。
　[4]　脳内麻薬＝脳内モルヒネとも呼ばれ苦しい状態が続いた際に快感や陶酔感に作用するとされています。

先の釣りの例で言えば、

- いつ＝「魚がたくさん釣れた瞬間」
- 何が＝「バケツいっぱいになるほどに釣れたことが」
- なぜ＝「普段はほとんど釣れないことが多いため」（嬉しかった）

　これは、時間的投資に対するドーパミン的幸福（成功の高揚）と考えられます。ここまでのコストとリターンを一般化した構造整理図は以下のようになります。

　原体験をピックアップし一般化する際に、左のコストと右のリターンの組み合わせを試してみて、一番ピンとくる組み合わせで一般化していきます。この図を使うことで、発想力や質問力の属人性を下げて整理しやすくすることが期待できます。

✚ ④ 提供者／被提供者のTO-BE進捗に当てはめる

　③までのステップで意外性と共感性を兼ね備える原体験およびその一般化が完了します。最後にこのステップで提供者と被提供者のTO-BE進捗に当てはめていきます。

　例えば、前節で出した例を使ってアイデアを考えてみましょう。

> **提供者**
> AS-IS　：「ゴミが特定のエリアにポイ捨てされている状況となっており、近隣住民からクレームが発生しており清掃作業の費用が拡大している」

TO-BE ：「ゴミがポイ捨てされない状況となることで、ゴミのない街並みが実現され、清掃作業費用を圧縮することができる」

被提供者

AS-IS ：「ゴミ箱が近くにないので、ゴミ袋を持っていないときにポイ捨てしてしまう」

TO-BE ：「ゴミ箱がなくてもポイ捨てしないようになる」

WHO ：ゴミ箱が近くにないので、ゴミ袋を持っていないときにポイ捨てしてしまう人

WHEN ：外で食べ物を食べたり、飲み物を飲んだりしたときに

WHICH：ゴミを持ち帰るか、ゴミ箱を探して捨てるか、ポイ捨てするかの選択肢で

GOAL ：ゴミを持ち帰るか、ゴミ箱を探して捨てるかを選択する

　このように整理することができ、「ゴミを持ち帰りたくなる / ゴミ箱を探したくなる」コアアイデアが求められます。原体験アナロジーで導く一般化感情は前項に使った釣りの例を持ってきます。

「普段はなかなか成功できないことが、たくさんできる（時間投資に対するドーパミン的幸福）」

　求められるコアアイデアと、原体験の一般化を掛け合わせると、例えば次のような解決アイデアが考えられます。

- 街中にあたりのゴミ箱があり偶然見つけられる機会を作る
- 街中のゴミ箱にゴミを捨てると時々あたりが出る
- 現在地から距離の遠いゴミ箱までたどり着くと移動時間分心理的報酬が得られる

これが、課題を解決するために行うこと（WHAT）になります。

WHY ：ゴミがポイ捨てされないゴミのない街並みを実現し、清掃作業費用を圧縮するため
WHAT：街中のゴミ箱にゴミを捨てると時々あたりが出る仕掛けで解決する

人間のヒューリスティックという特性を活用し、意外性と共感性を兼ね備えた解決策を導いていく原体験アナロジーという手法を紹介しました。

1人でも実施できますが、複数人が集まって実施したほうがさまざまな原体験が生まれる（＝意外性が生まれる）、あるあるという声が複数人から得られる（＝共感性が生まれる）ため、お勧めです。

ただし、複数人で実施しようとするとメンバーが集まる必要があり、実施のハードルが少々高いので、もう少し簡易的にアイデアを発想する手法も紹介します。

手法② ランダムフラッシュ

➕ 手法

　この手法は、1人でも取り組むことができる簡易的な発想手法です（私もよくこの手法を用います）。

　心を動かす発想は意外性と共感性を兼ね備えたものだということを繰り返し説明してきました。原体験アナロジーでは、参加者各々の原体験から意外性を導き、相互に共感するかを評価することで共感性を担保しました。「ランダムフラッシュ」は、偶発的な組み合わせによって意外性を生み出し、共感性を過去のヒット商品の特徴から持ってくることで代替します。良いアイデアを出そうと自身の頭で考えて意外性のあるアイデアを発想しようとする行為は、個人の創造性に依存し、思考のジャンプアップが求められてしまいます。そこで、この意外性を、組み合わせによって生み出します。

　すでにある概念を適当に並べたものを用意し適当に組み合わせることで、意外性のある概念を生み出します。以下は現在私が使っているランダムワードのリストです。

24時間~	みんなで~	恋人の~	生~	~まみれ	手軽に~	大人の~	激安の~	超シンプル~	よく眠れる~
ご褒美の~	丸ごと~	遊べる~	なんか小さい~	~ケア	楽しい~	史上最高の~	癒しの~	~ガチャ	稼げる~
限定~	すごい~	究極の~	禁断の~	小さい~	全力~	アナログ~	第2次~	秒で~	エコ~
エクストリーム~	食べながら~	タイパ~	意識高くない~	あなただけの~	三世代~	スーパー~	ビッグ~	不思議な~	どこでも~
~チャレンジ	寝ながら~	ゆるい~	罪悪感のない~	デジタル~	楽する~	~レス	いつでも~	おうちで~	~フィーバー
ランダム~	~アイドル	~選手権	~2	ライブ~	~コレクション	シェアリング~	細長い~	~プレミアム	被らない~
朝専用~	ととのう~	0秒~	秘密の~	昭和~	ワンコイン~	完全な~	まとめて~	メガ~	リアル~
~健康法	スマート~	初心者歓迎の~	カスタム~	ひとりで~	セカンド~	バーチャル~	泣ける~	~ゲーム	濃厚~
寝る前に~	シン・~	高還元~	地球にやさしい~	~スポーツ	闇~	~日記	~トレーニング	聴かせる~	だれでも~
AI~	~映え	昼の~	ステルス~	超早い~	今日だけの~	やりすぎ~	しあわせの~	再利用~	懐かしの~

これは、名詞を説明する特徴になる形容詞（または形容詞に類するもの）です。

チョコレート	自動車	テレビ	洗剤	電車	アメ	ビール	レストラン	パソコン	コンサート
ケーキ	公園	タオル	枕	芳香剤	歯ブラシ	カフェ	マスク	口紅	炭酸水
スーパーマーケット	焼き肉	椅子	スマホケース	コンビニ	掃除機	タクシー	カレー	お風呂	タブレット
紅茶	ハンバーガー	Tシャツ	コーヒー	加湿器	入浴剤	トイレ	ガソリンスタンド	時計	ピザ
帽子	洗濯機	ノート	グミ	クレジットカード	スリッパ	駅	ボールペン	ジャケット	せんべい
アイス	ホテル	サラダ	温泉	扇風機	消しゴム	牛乳	アイロン	ベッド	うどん
ポテトチップス	かき氷	皿	カメラ	ラーメン	保険	財布	手紙	パン	ワイン
駅	靴	旅行	ティッシュ	お茶	自転車	バー	チューハイ	カレンダー	居酒屋
学校	テーマパーク	爪切り	ソファー	鉛筆	定食	カバン	神社	カップラーメン	動物園
ポップコーン	ハンカチ	映画館	眼鏡	自動販売機	冷蔵庫	ショッピングモール	ミシン	リモコン	パズル

これは、名詞です。

WHAT：課題解決のために何をするのか

これを適当に組み合わせます。例えば左上同士を組み合わせると「24時間チョコレート」となります。本来合わさることのない単語の組み合わせで想像が膨らみませんか。24時間溶けないチョコレートなのか、24時間待つと甘さが増すチョコレートなのか、発想がしやすくなります。

そして、このランダムワードはどこから持ってきているかというと、最近の流行のトレンド商品やサービスから持ってきています。トレンドになっているということは、世間で認められている＝共感性が高い、と言うことができます。ランダムワード自体は時代によって当然変化するため常にアップデートをしていく形にはなりますが、手元に1つこのリストがあると便利です。

➕ ランダムフラッシュでWHATを考えてみる

ゴミのポイ捨ての例で考えてみましょう。「ゴミを持ち帰りたくなる/ゴミ箱を探したくなるコアアイデア」を考えていきます。求められるアイデアは「ゴミ箱」がキーワードになります。

名詞はすでに指定されているので、形容詞のランダムワードを使ってみます。例えば、「みんなでゴミ箱」「大人のゴミ箱」「遊べるゴミ箱」「ゴミ箱コレクション」など、いろいろな組み合わせが考えられそうです。

- 「みんなでゴミ箱」　：みんなでゴミ箱を作る？
- 「大人のゴミ箱」　　：ラグジュアリーな雰囲気を醸し出すおしゃれなゴミ箱？
- 「遊べるゴミ箱」　　：ゴミ箱にゴミを入れること自体を遊びにする？
- 「ゴミ箱コレクション」：街中のゴミ箱を探して集める？

組み合わせたワードからいろいろと想像が広がります。1人で取り組む手法である以上、ここからは感覚的になってしまうのですが、たくさん出てきたアイデアから、深掘りしてみようと思える「これだ」という

アイデアをWHATに定めていき具体的な検討（HOW）を進めていきます。

　HOWを考えていく中で、ちょっと違ったなといったことは往々にしてあるので、この段階ではまずは自身の感性を信じて設定してみます。

　　WHY　：ゴミがポイ捨てされないゴミのない街並みを実現し、清掃作
　　　　　　業費用を圧縮するため
　　WHAT：遊べるゴミ箱で、ゴミ箱にゴミを捨てたくなる体験を提供
　　　　　　する

提供者		被提供者
自治体		ゴミのポイ捨てをする人

（対象物）が（状況）となっており（問題）が発生している	AS-IS	（理由）で（状況）のときに（できない / しない / できる / する）
ゴミが特定のエリアにポイ捨てされている状況となっており、近隣住民からクレームが発生しており清掃作業の費用が拡大している		ゴミ箱が近くにないので、ゴミ袋を持っていないときにポイ捨てしてしまう

提供者と被提供者が同時に AS-IS→TO-BE に進捗するコアアイデア
街中のゴミ箱にゴミを捨てると時々あたりが出る仕掛け

提供者と被提供者が同時に AS-IS→TO-BE に進捗するコアアイデア
遊べるゴミ箱で、ゴミ箱にゴミを捨てたくなる仕掛け

（対象物）が（状況）となることで（なりたい姿）となり（便益）がある	TO-BE	（できる）ようになる
ゴミがポイ捨てされない状況となることで、ゴミのない街並みが実現され、清掃作業費用を圧縮することができる		ゴミ箱がなくてもポイ捨てしないようになる

　原体験アナロジー、ランダムフラッシュともに有効な発想方法ですので、是非活用してみてください。

　これで、課題解決のアプローチ（WHAT）であるコアアイデアを定義できました。最後に具体的な方法論を定めていくHOWのフェーズに進んでいきます。

HOW: どう課題解決をするのか

解決アプローチの特性評価

　課題の定義、なぜその課題を解決するのか（WHY）、課題解決のアプローチ（WHAT）、提供者、被提供者について、ここまでのプロセスで定義することができました。

　最後に具体的な方法論（HOW）を定めていきます。先の例で言えば原体験アナロジーで発想した「街中のゴミ箱にゴミを捨てると時々あたりが出る仕掛けで解決する」と、ランダムフラッシュで発想した「遊べるゴミ箱で、ゴミ箱にゴミを捨てたくなる体験を提供する」の具体的な方法論を検討していきます。

　解決手法を具体的に検討していく中で、「瞬間UX」か「習慣UX」または両方でどのようにアプローチするかを決めていきます。

　考え方としては、対象の行動が一度限りで目的を果たすものなのか、それとも継続的な行動が求められるものなのか、という2点で考えます。前者の一度限りの行動で目的を果たすのであれば瞬間UXのみを考え具体的なHOWを定義していきます（具体的な方法論は2章参照）。後者の継続的な行動が求められる場合は瞬間UXと習慣UXの両方のアプローチが求められます。本節では、瞬間UXと習慣UX両方の設計が求められるパターンで具体的に定義をしていきます。

　先の例で言えば、ゴミのポイ捨てをなくすという課題は一度だけポイ捨てをしないものではなく、継続的に誰もがポイ捨てをしなくなるということが重要です。この例を使って具体的な設計を進めていきます。

　ここで「Iボード」と呼んでいるフレームワークを用います。

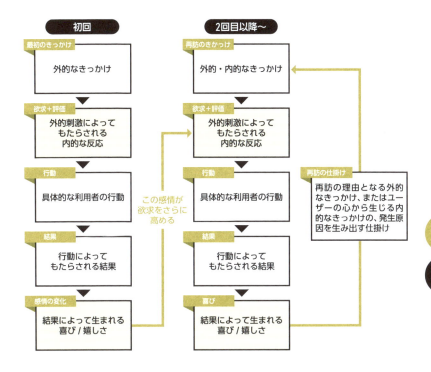

　きっかけから行動、感情の変化までを体験の最小単位として定義し縦に並べている形が、アルファベットのIに似ていることからIボードと呼んでいます。

　体験の最小単位を初回（瞬間UX）と2回目以降（習慣UX）の2種類に分け、体験と感情が途切れることなく継続していくことを抜け漏れなく設計するために使用します。近しいフレームワークにカスタマージャーニーマップが存在しますが、カスタマージャーニーマップは一方向の被提供者の体験の流れ（フロー）を示すケースが多く、体験のサイクルを定義するIボードとはその点で異なります。

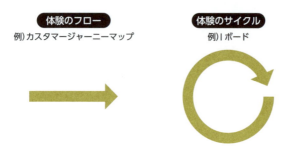

　瞬間UXと習慣UXの最小単位を定めることで、被提供者の体験のうち最も重要な部分が明確になります。これを「コアUX」と表現しています。人間の9つの欲求を踏まえてコアUXを定めることで、なぜ被提供者はこの行動を取りたくなるのかという蓋然性も明確になるため、HOWの設計方法として有効です。それでは早速このIボードを使って、原体験アナロジーで発想した「街中のゴミ箱にゴミを捨てると時々あたりが出る仕掛けで解決する」というコアアイデアを例にコアUXを定めていきましょう。

コアUXと瞬間UXの定義

初回の利用体験の構造は次の5つで構成されます。

① きっかけ
② 欲求＋評価
③ 行動
④ 結果
⑤ 感情の変化

①外発的な刺激・きっかけを通じて、②内発的な反応として欲求が刺激され、③実際に行動が促され、④行動の結果が得られて、⑤喜びや嬉

しさが生み出される、という一連の体験を設計していきます。

✚ 外的なきっかけ

　初めて被提供者が当該情報に触れるきっかけです。広告を見る、街中で見かける、友達から紹介されるなど、認知面がここに入ります。さまざまな認知面が考えられるので、この段階ではそこまで厳密さを考慮する必要はなく、想定される認知面の一例を記載する形で問題ありません。「街中のゴミ箱にゴミを捨てると時々あたりが出る仕掛けで解決する」アプローチを考えると、ゴミ箱に訴求を告知してもそもそも被提供者は「ゴミ箱が近くにないので、ゴミ袋を持っていないときにポイ捨てしてしまう」人なので、ゴミ箱の存在に気づいていません。したがってデジタル広告やソーシャルネットワークサービスなどで情報を知るというのが妥当と考えられます。ソーシャルネットワークサービスの情報が外的なきっかけになると考えて検討を進めていきます。

✚ 欲求＋評価

　どのようなソーシャルネットワークサービスの情報があれば被提供者は欲求が喚起されるでしょうか。ここで、瞬間UXの「無意識な瞬間UX（ついやってしまう）」「意識的な瞬間UX（ついやりたくなってしまう）」の分類で考えてみます。

　今回の例で言うと、ゴミ箱が近くになくてポイ捨てしてしまう人が被提供者になるので、そのような方に対しては無意識にゴミを捨てないようにするというアプローチよりもゴミ箱に捨てたくなる、意識的なアプローチが適切だと考えられます。被提供者にとってのインプットになる物理的トリガーは今回ソーシャルネットワークサービスとなるため、心理的トリガーを考えます。心理的トリガーは「社会規範」「好奇心」「不協和」の3種類に定義しています。今回の例で言うと、みんながやっているからやりたくなる「社会規範」、やってみたくなる「好奇心」、やら

ないと気持ちが悪いからやりたくなる「不協和」で考えると、それぞれ次のような手法が考えられます。

社会規範：ゴミのポイ捨てはダメだという訴求
好奇心　：ゴミ箱に入れると何かが起きるという訴求
不協和　：ゴミはゴミ箱に捨てるものであるという訴求

今回の例で言うと開始時はまだ利用者が少ないこと、ポイ捨てはダメだということは誰もが認識していることを踏まえると、「好奇心」を選択するのが妥当でしょう。

「あたりつきゴミ箱（何があたるか言わないけど）」という部分的な情報開示で好奇心を刺激し、やってみたいという評価を喚起します。

➕ 行動

欲求が刺激されたときに、まず喚起される行動を定義します。ゴミのポイ捨ての例で言うと、ソーシャルネットワークサービスで好奇心が刺激される訴求を確認した結果、喚起される行動は、実際にゴミ箱を意識するようになり、ゴミが手元にある際に近くにある対象のゴミ箱を探して捨ててみる、が最もシンプルな行動になります。

➕ 結果

対象の行動がなされたときに、どのような結果が得られるかを定義します。人間が何かしらの行動をした際に、フィードバックがないことは違和感につながります。例えば、バスの降車ボタンを押すと「音が鳴る」「光る」「次の停留所で止まる」という結果が得られます。ゴミのポイ捨ての例で言えば、対象のゴミ箱にゴミを捨ててみた結果、何がフィードバックされるかがそこに該当します。時々あたりが出る、というのがWHATで定義したアプローチなので、抽選結果がフィードバックされる、

ということになろうと考えられます。もう少し具体的に内容を考えていくと、ゴミの投入口が複数存在しておりどれかがあたり、それ以外ははずれとなっている形が想像できます。そして、あたりの穴に捨てられると、音が鳴ったり、光ったりの演出でフィードバックがなされるということが考えられます。

✚ 感情の変化

　上記結果を受けて被提供者の感情の変化を定義していきます。ここでの感情の変化は、悲しいなどのマイナスな感情ではなく、あくまで嬉しい・楽しい・気持ちいいなどのプラスの感情の振れ幅を意識して定義していきます。

　先の例で言えば、あたりを引くことができた、はずれもある中であたりを引くことができたということでの嬉しさ、あたりの演出の気持ちよさも挙げられます。あたりが引けなかった場合は、悔しいというマイナスな気持ちが生まれつつも、次こそはあたりを引きたいというプラスの感情が生まれることも考えられます。

　ここまでが瞬間UXの一連の作り方です。例を使ってまとめると、

① きっかけ　：ソーシャルネットワークサービスで情報が目に留まる
② 欲求＋評価：あたりつきのゴミ箱があるらしい、試してみたい
③ 行動　　　：ゴミをゴミ箱に捨ててみる（複数の穴がある）
④ 結果　　　：あたりとはずれの結果がフィードバックされる
⑤ 感情の変化：あたると嬉しい、はずれると悔しい、あててみせた
　　　　　　　いという感情の動き

　上記のようになります。

　ここまでで、初回やってみる、最小の体験が定義できました。次に、継続的にゴミのポイ捨てをせずにゴミ箱にゴミをちゃんと捨てたくなる体験（習慣UX）を考えていきます。

コアUXと習慣UXの定義

　1ボードの2本目の体験を定義していきます。瞬間UXで定めた1つ目の体験から連続性のある形で設計をしていきます。1本目の体験の最後で定義した「感情の変化」が2本目の体験の「欲求＋評価」のトリガーとなります。「感情の変化」によって欲求が強く刺激されることで2回目以降の行動を促していきます。先の例でゴミ箱にゴミをちゃんと捨て

たくなる体験を実現していくためにこのつなぎを考えていきます。1本目の体験での「感情の変化」は、あたると嬉しい、はずれると悔しい、あててみせたいという感情の動きでした。これを踏まえると、次もあてたい、次こそあてたいという感情が喚起されることが自然です。そのため2本目の体験の「欲求＋評価」は、次もあてたい、次こそあてたい、となります。ここで、9つの欲求と照らし合わせてみます。

　ランダムなあたりがあるゴミ箱で、あたりを引きたいという欲求は、偶発性と好奇心によって動機づけされる求知欲求と、希少性に動機づけされる獲得欲求で構成されていると考えることができます。つまり、人間の欲求をベースにできているという意味で「次もあてたい、次こそあてたい」という欲求は妥当であるということができます。逆に言えば、この感情の変化からの欲求＋評価の遷移で、9つの欲求に当てはまらなければ、人間の欲求を刺激することができていない＝2本目の体験に誘導できていない、とも言い換えることができます。2本目の体験の欲求＋評価の内容が定義できたら、以降の項目を決定していきます。

②′ 欲求＋評価：次もあてたい、次こそあてたい（求知欲求＋獲得欲求）
③′ 行動　　　：あたりつきゴミ箱を探してゴミを捨てる
④′ 結果　　　：あたりとはずれの結果がフィードバックされる
⑥′ 喜び　　　：あたると嬉しい、はずれると悔しい、あててみせたい

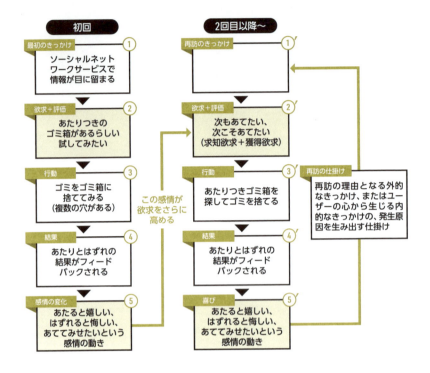

　②′によって喚起される③′の行動が1本目の体験と異なっています。1本目の体験の③は、ゴミをゴミ箱に捨ててみるという、何が起こるのかもあたるかどうかもわからないので試したいという求知欲求が強くなっていました。それが1本目の体験の④⑤につながり、感情の変化を通じて獲得欲求が強まっている、という構造になっています。

　次に、⑤′の感情の変化が①′の外的な仕掛けにつながらなければ2回目の利用で体験が終了してしまいます。そのため、⑤′で得られた喜びを次回再訪時のきっかけにつなげる必要があります。つまり、⑤′の感情変化を①′の再訪のきっかけ（再訪の理由）につなげる矢印部分を決定していきます。あたると嬉しい、はずれると悔しいと感じている方に対して再訪してもらう仕掛けです。都合よく考えると、あたると嬉しい、はずれると悔しい、あててみせたいという感情になっているので、ゴミ

を捨てるシーンで思い出すことで②′につながるため①′再訪のきっかけは、ゴミを持ったときとなります。ただ、これはあくまで提供者側の都合の良い想定でしかなく、実際は1回⑤′の感情になった後で、ゴミを持ったときに思い出すかというと必ずしもそうではありません。この、感情の動きから再訪のきっかけへの移行を、被提供者次第とするのではなく可能な限り必然となるようにする設計は最後に行います。

　一旦ここまでで、WHYとWHATで定義した課題解決のアプローチとなる被提供者の最小の体験であるコアUXの定義が完成します。この一連の体験を被提供者が行うことで、最初に設定した課題が結果的に解決されます。

> WHY　：ゴミがポイ捨てされないゴミのない街並みを実現し、清掃作業費用を圧縮するため
> WHAT：街中のゴミ箱にゴミを捨てると時々あたりが出る仕掛けで解決する

瞬間UX

① きっかけ　：ソーシャルネットワークサービスで情報が目に留まる
② 欲求＋評価：あたりつきのゴミ箱があるらしい、試してみたい
③ 行動　　　：ゴミをゴミ箱に捨ててみる（複数の穴がある）
④ 結果　　　：あたりとはずれの結果がフィードバックされる
⑤ 感情の変化：あたると嬉しい、はずれると悔しい、あててみせたいという感情の動き

習慣UX

①′ 再訪のきっかけ：ゴミを持ったとき
②′ 欲求＋評価：次もあてたい、次こそあてたい（求知欲求＋獲得欲求）
③′ 行動　　　：あたりつきゴミ箱を探してゴミを捨てる

④ 結果　　：あたりとはずれの結果がフィードバックされる
⑤ 喜び　　：あたると嬉しい、はずれると悔しい、あててみせたい

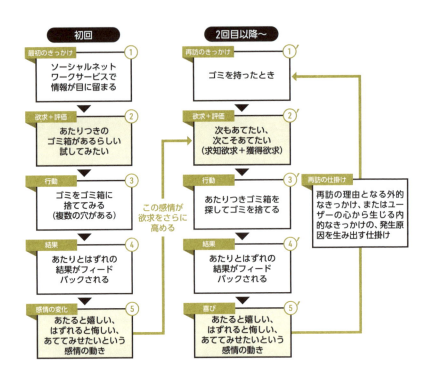

再訪の仕掛け

　HOWを考えていく最後のプロセスです。前項でIボードを使って課題解決につなげる被提供者の行動・コアUXが定義されました。一方で再訪の仕掛けは提供者にとって都合のいい形になっており、再訪する仕組みとまでは至っていません。最後にこの仕組みを定義してHOWが完

成します。このプロセスではゲームフルデザインボードを使用します。

　再訪したくなる仕組みを9つの欲求を見ながら、どのような手法があり得るか考えていきます。その上で、実現性や費用などを加味しながら手法を選択します。

　先のゴミのポイ捨ての例で「あたると嬉しい、はずれると悔しい、あててみせたい」という感情から、次にゴミを持ったときにゴミ箱を探したくなる仕組みを考えていきます。

➕ 達成欲求

　進歩実感によって動機づけされる欲求です。

　ゴミを捨てたときにあたりが時々出る設計の中で、あたりが出た回数がデジタル上で記録されてスコアがたまっていくというストックポイントの手法や、その達成回数に応じてシンボルを付与するアチーブメントシンボルの手法が活用できそうです。

➕ 求知欲求

　偶然性と好奇心によって動機づけされる欲求です。

　すでにゴミ箱自体にあたりかはずれがあるということで偶然性が高く、何が起こるのだろうという好奇心を喚起しています。この求知欲求をさらに刺激する方向性で考えてみます。コアUX体験後に、次ゴミ箱に捨てるときはあたりの確率が2倍になるというような不確実性トッピングの手法や、ゴミ箱の種類ごとにあたりやすいものとあたりにくいものが存在するということを訴求してゴミ箱自体を探したくなるイースターエッグの手法も活用できそうです。

➕ 獲得欲求

希少性によって動機づけされる欲求です。

コアUXの設計の段階では、あたりとはずれを用意することで相対的にあたりに希少性を持たせていました。この獲得欲求をさらに刺激する方向性で考えてみます。コアUX体験後に、さまざまな種類のあたりがあることを示すことで、あたりが出た人も別のあたりが欲しくなったり、はずれた人もそれらのあたりを引きたくなったりという欲求を刺激することができます。そういう意味で、レアリティ定義やレアリティビジュアライズの手法は活用できそうです。もしくは、ご当地ゴミ箱を用意することでエリアごとに獲得できるものが異なるということで希少性を高める属性制限も活用できるかもしれません。

➕ 有能欲求

創造性によって動機づけされる欲求です。

ただ、あたりとはずれがあるコアUXだけでは刺激できない欲求です。あたったときの喜びやはずれたときの悔しさという感情から、自身の創造性を発揮できる（できている）感覚の仕組みができれば効果を発揮します。ゴミをゴミ箱に捨てるとあたりが出るかもしれないという体験に対して、例えば1カ月以内に10回あたりを引くことができれば勝利、などのルールを明示することで、ルールに沿って勝利条件達成を目指そうとするルール明示の手法も有効だと考えられます。もしくはあたりとはずれを点数換算して、自分の現在地から遠いほうが、スコアが高くなるというトレードオフの考え方も被提供者の自己決定範囲が広がり有能欲求を刺激する手法であると考えられます。

➕ 保存欲求

愛着や一貫性欲求によって動機づけされる欲求です。

コアUXであたりやはずれが得られた結果に対して次回も参加したいと思わせる仕組に保存欲求を活用してみます。これまで捨ててきたゴミ箱の一覧とあたりの回数を記録しておき、被提供者が見られる状態にしておくヒストリー機能や、あたりを引くたびに図鑑が埋まっていき、全ての図鑑を埋めていきたいコレクションセットの手法は有効だと考えられます。

✚ 自律欲求

自分事化されることによって動機づけされる欲求です。

ゴミをポイ捨てしてはいけないことは一部の例外を除きほとんどの方が認識しています。それでも、ゴミのポイ捨てはなくなりません。なぜポイ捨てをしてはいけないのか、自分がポイ捨てをしなければどうなるのか、ということを明確に訴求することで、ゴミのポイ捨てという行動自体をしないことに対し自分事化が進みます。これは、環境問題の文脈から正しく説明することも効果的ですが、必ずしも正確な理解を促進しなくても行動変容を促すことは可能です。

正しく理解を促していく手法としては、ゴミのポイ捨てを行わないでしっかりとゴミ箱に捨てることで社会にどの程度貢献できているかを可視化する社会貢献化の手法が活用できます。正確な理解を促さなくとも自律欲求を刺激できる手法としては、例えば、参加者の血液型ごとにあたりが出た回数をランキングし何型が最もちゃんとゴミを捨てているかを明示することで、自身の"所属"する血液型を勝たせるために自分も頑張るという所属意識の手法が考えられます。

✚ 関係欲求

他者を意識することによって動機づけされる欲求です。

本来ゴミをゴミ箱に捨てるということは自身のみで完結する行動ですが、そこに他者が存在することでどのような行動喚起ができるかを考え

ていきます。ゴミのポイ捨てはかっこ悪い、みんなやっていないということを示す社会的規範は当然訴求できる手法として考えられます。直接的な他者意識という観点で言えば、参加者全員で1万回あたりを引くという目標を設定することで全員がそこに臨んでいく、そして自分もどこにどれだけ貢献したかが重要になる、自分自身も頑張らないといけないという感情を喚起する、共通目標と貢献実感という手法が活用できます。その他にも、ゴミ箱自体を無機質なものではなくそれぞれにキャラクターを割り当てて人間味を持たせる社会的対象化や、特定のゴミ箱でキリ番のあたりを引いた人には特別なあたりが出て、それが参加者全員の見えるところで表彰されているというドヤスペースの手法も活用できると考えられます。

➕ 回避欲求

　損失を回避することに動機づけされる欲求です。

　コアUXではあたりを引いた嬉しさ、はずれを引いた悔しさを感情として定義してきました。その上で、失いたくないという感情を喚起する手法を考えていきます。例えば、最後にゴミを捨てた後に24時間以内だとあたりの確率が2倍になるチャンスという、今やらないともったいないという訴求を行う時限つきチャンスの手法が活用できそうです。

➕ 感性欲求

　生理的欲求である非思考的な感覚で動機づけされる欲求です。

　何度もゴミ箱にゴミを捨てたくなる感覚的な訴求が有効です。例えばゴミ箱にゴミを捨てたときに心地よい・中毒性のある音が鳴るという五感的快の手法は活用できます。

　ここまで、喜びから再訪の欲求＋評価につながる仕掛けを、9種類の欲求それぞれのアプローチでアイデアを考えてきました。ここからは、

それぞれの手法に対して技術的な観点や予算や期限などの制約条件を踏まえた上で、選択する手法を総合的に決定していきます。

今回のゴミ箱の例で再訪の仕掛けを考えると、例えば

- あたりが出るたびにスタンプがたまる（達成欲求）
- ゴミ箱自体に個性を持たせて（関係欲求）街中に設置して探す仕掛けを用意する（求知欲求）
- 探しやすさによってゴミ箱の種類にレアリティが設定されている（獲得欲求）
- これまで捨ててきたゴミ箱が全て記録されている（保存欲求）
- 血液型ごとにチームを組んで（自律欲求）先にチーム目標を達成したチームが優勝（関係欲求）とする1カ月ごとのイベントルールを設定（有能欲求）

といった再訪の仕掛けが考えられます。

ここまで、ゴミのポイ捨てを防ぐためにゴミ箱に捨てたくなる仕掛けを考えてきましたが、まとめると次のようになります。

4

3

HOW：どう課題解決をするのか

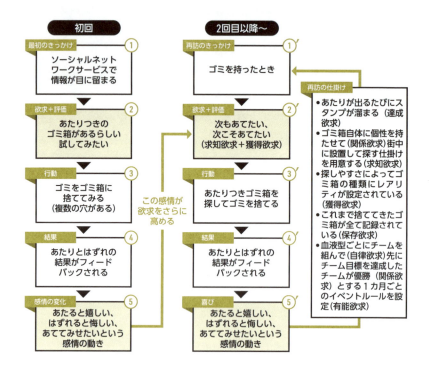

WHY ：ゴミがポイ捨てされないゴミのない街並みを実現し、清掃作業費用を圧縮するため

WHAT：街中のゴミ箱にゴミを捨てると時々あたりが出る仕掛けで解決する

瞬間UX

① きっかけ　　：ソーシャルネットワークサービスで情報が目に留まる
② 欲求＋評価：あたりつきのゴミ箱があるらしい、試してみたい
③ 行動　　　　：ゴミをゴミ箱に捨ててみる（複数の穴がある）
④ 結果　　　　：あたりとはずれの結果がフィードバックされる

⑤ 感情の変化：あたると嬉しい、はずれると悔しい、あててみせ
たいという感情の動き

習慣UX

①′ 再訪のきっかけ：ゴミを持ったとき

②′ 欲求＋評価：次もあてたい、次こそあてたい（求知欲求＋獲得
欲求）

③′ 行動　　　：あたりつきゴミ箱を探してゴミを捨てる

④′ 結果　　　：あたりとはずれの結果がフィードバックされる

⑤′ 喜び　　　：あたると嬉しい、はずれると悔しい、あててみせ
たい

再訪の仕掛け

● あたりが出るたびにスタンプがたまる（達成欲求）
● ゴミ箱自体に個性を持たせて（関係欲求）街中に設置して探す仕
掛けを用意する（求知欲求）
● 探しやすさによってゴミ箱の種類にレアリティが設定されている
（獲得欲求）
● これまで捨ててきたゴミ箱が全て記録されている（保存欲求）
● 血液型ごとにチームを組んで（自律欲求）先にチーム目標を達成
したチームが優勝（関係欲求）とする1カ月ごとのイベントルー
ルを設定（有能欲求）

4.4 ゲームフルデザインの設計手法まとめ

　4章では、ゲームフルデザインの設計手法について具体的な例を交えて解説をしてきました。ゲームフルデザインというと、ゲーム的で創造性が高く求められるような印象を持たれていた方も多いかもしれません。ですが、4章を読み進めていただいた読者の方は、決してゲームフルデザインは難しい手法ではなく、順を追って1つずつ組み立てていけば具体的な実行プランを導くことができる手法であることが理解できたはずです。人を夢中にさせるゲームの力を、ゲーム以外の分野で活用すること自体は決して難しいことではありません。是非4章の具体的な手法を活用して、実際のビジネスシーンなどで活用してみてください。本節では4章で説明した具体的な手法を簡単にまとめます。

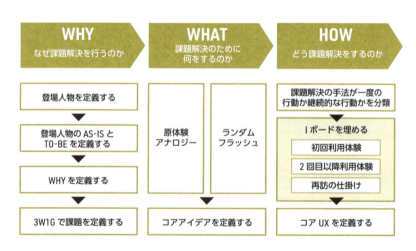

✚ WHY（なぜ課題解決を行うのか）を決める

- 登場人物である提供者と被提供者を定義する
- 提供者と被提供者のAS-IS（現状）とTO-BE（あるべき姿）を定義する

提供者：

- （対象物）が（状況）となっており（問題）が発生している
- （対象物）が（状況）となることで（なりたい姿）となり（便益）がある

被提供者：

- （理由）で（状況）のときに（できない / しない / できる / する）
- （できる）ようになる

提供者と被提供者のAS-ISとTO-BEを基にWHYを定義する。
課題を次のように整理しておく。

- 誰が（WHO）　　　　　　：先に定義した被提供者
- どのシーンで（WHEN）　：対象の行動をとる状況
- どの選択肢で（WHICH）：行動の選択肢
- 何を選ぶべきか（GOAL）：取ってほしい行動

これを3W1Gという課題設定手法と定義します。

✚ WHAT（課題解決のために何をするのか）を決める

- WHAT＝コアアイデアを原体験アナロジーやランダムフラッシュなどの手法を使って定義します

✚ HOW（どう課題解決をするのか）を決める

- 一度限りの行動で目的を果たすものか継続的な行動で目的を果たすものなのか、課題の特性を分類します
- 一度限りの行動で目的を果たせるのであれば瞬間UXのアプローチである無意識（ついやってしまう）意識（ついやりたくなってしまう）手法を用います
- 継続的な行動で目的を果たすものの場合は、Iボードを使ってコアUXを定義していきます
- 初回の利用体験の構造は以下5つで構成されます
  ① きっかけ
  ② 欲求＋評価
  ③ 行動
  ④ 結果
  ⑤ 感情の変化
- 2回目以降の利用体験である習慣UXを以下5つで定義します
  ①′ 再訪のきっかけ
  ②′ 欲求＋評価
  ③′ 行動
  ④′ 結果
  ⑤′ 喜び
- その上で、⑤′ から①′ につながる再訪の仕掛けを9つの欲求をベースにアイデアを考えていきます。その上で現実的に実行可能な手法を決定していきます

　プロセス自体は一見多く見えますが、実際にやってみると1つ1つのプロセスを考えていくことはそこまで難しくないため、一連の流れを比較的容易に作ることができることがわかると思います。
　是非、実際に手を動かしてプロセスを実施してみてください。

ケーススタディ

　本章では、実際に私がゲームフルデザインの手法を活用した実例を使って、どういう思考プロセスで作ってきたかを紹介します。皆さんの抱えている課題の解決のアプローチにゲームフルデザインの手法が活用できるよう、具体的なイメージにつながればと思います。

⑤① エンタメ型防災訓練 THE SHELTER

背景

　突然ですが、皆さんは防災訓練の経験はありますか。おそらくほとんどの方が「YES」と答えるのではないでしょうか。

　私自身もさかのぼれば小学生時代の記憶から、防災訓練・避難訓練と名のつく訓練を毎年のようにやってきました。もちろん、時代や自身の年齢によって内容は変わってきました。小学生の頃は、地震が来た場面を想定し校内アナウンスが流れ、即座に自分の机の下に頭を隠し、普段座布団として使っている頭巾を頭に被り、みんなで順番に「おすな、かけるな、しゃべるな、もどるな」を標語に校庭に避難しました。中学生・高校生のときは小学生の頃のような標語や頭巾はありませんでしたが、基本的に、アナウンス→頭を守る→外に避難するという流れは変わりませんでした。社会人になるとまた、アナウンス→外に避難するという訓練が毎年実施されています。

　多少の差はあれ、多くの方が同じような訓練をされてきたのではないかと思います。昭和から平成、平成から令和に時代が変わり、より防災意識を高く持ち、地域などで主催される防災訓練に主体的に参加される方も多くなっていると思います。しかし、まだまだ受動的な防災訓練が多く実施されていることも事実です。防災訓練の重要性を否定する人はほとんどいないにもかかわらず、なぜそこまで積極的に取り組めないのでしょうか。それは「やらされ感」であると私は考えています。

　もっと「参加したくなる」防災訓練であれば、主体的・能動的に参加できるはずです。そこで私が企画したのが「エンタメ型防災訓練 THE SHELTER」です。

コンセプトはそのまま「参加したくなる防災訓練」です。有事の際に活躍が期待される若者たちが特に参加したくなる、そんな防災訓練ができないかと企画をしました。

WHY

では早速、そういったぼんやりとした課題感と実施イメージが出てきた段階で、ゲームフルデザインを活用していきます。

✚ 登場人物である提供者と被提供者を定義

防災訓練の提供者、すなわち提供によってメリットを得られる人を定義していきます。今回のケースで言えば、防災訓練は学校や自治体で継続的に実施されていることから、学校や自治体が提供者に該当します。厳密に言えばこの提供者の方々も、さらに上の立場の方からの要請によって実施していると考えられますが、そこまで考えると設定が複雑になってしまうため、一旦学校や自治体と定義します。

被提供者は、既存の防災訓練に参加している学生や地域住民と定義します。

✚ 提供者と被提供者のAS-IS（現状）と
　TO-BE（あるべき姿）を定義

提供者である学校や自治体のAS-ISとTO-BEを考えます。まずはAS-ISを考えていくにあたって、防災訓練を毎年定期的に実施している学校や自治体が抱えている悩みを関係者にヒアリングしながら言語化していきます。ヒアリングした際に出てくる声として多かったのが「任意の防災訓練だとなかなか参加者が増えない」「強制する防災訓練だと毎回限られた内容に留まってしまって訓練のレベルを上げられない」といっ

た声でした。確かに、受動的に強制でやらされる訓練よりも、能動的に参加する任意の防災訓練のほうが学びが大きくなると考えられます。一方で、任意とすると参加者が集まらないジレンマを抱えている学校や行政の方がとても多いことがわかりました。もう1点加えると、特に若年層の参加者が少ないという問題意識をお持ちの方が多いこともわかりました。

ここで、元々被提供者は学生や地域住民と定義していましたが、もう少し絞り込んで、**学生や若年層の地域住民**、と再定義することができます。

つまり、AS-ISのフォーマット

（対象物）が（状況）となっており（問題）が発生している

に沿って定義すると

学生や若年層の住民の方が任意の防災訓練だとあまり参加者しない状況となっており、より防災について学ぶ機会が確保できていない問題が発生している

と定義することができます。

そして、学校や自治体はどうなりたいかというと、TO-BEのフォーマットに沿うと、

（対象物）が（状況）となることで（なりたい姿）となり（便益）がある

これが

学生や若年層の住民の方が任意の防災訓練に参加したくなる状況となり、より防災について学ぶ機会が確保できるようになる

と定義することができます。

次に被提供者のAS-ISとTO-BEを定義していきます。ここでも実際に防災訓練に参加されている方にヒアリングをしてみて、実際にどういう状況なのか、情報を集めます。学生や若年層の地域住民の方という対象定義をしていましたが、ヒアリングを進めていくといくつかパターンが見えてきました。基本的に防災訓練や防災意識の向上について異論を唱える方はおらず、皆さん防災訓練の重要性を理解されていました。一方で、防災訓練の参加経験を聞いてみると、学校や自治体での防災訓練には参加してきたが、任意の防災訓練に主体的に参加したことはないという方が圧倒的に多いということがわかりました。さらに、学校や自治体で実施される防災訓練で十分かどうかという質問に対しては、多くの方が十分ではないと回答しました。つまり、重要性は理解しつつ、既存のやり方では不十分であるとも認識しているにもかかわらず、具体的な行動は起こしていないという被提供者像が見えてきます。

　そして、なぜ参加しないのかという理由についての回答は「時間がないから」「優先度の兼ね合いで」など、直接の要因は人それぞれありつつも、要するに参加の優先度が上がらないからということにつきていました。ここまでの情報を踏まえると、被提供者のAS-ISは、

（理由）で（状況）のときに（できない／しない／できる／する）

の形で定義すると、

> 参加の優先度が上がらず、任意の防災訓練が開催されるときに参加しない

と定義できます。
ということはTO-BEは、

（できる）ようになる

の形で定義すると

> 任意の防災訓練が開催されるときに参加するようになる

となります。

次に提供者と被提供者のAS-ISとTO-BEを基にWHYを定義していきます。学生や若年層の住民の方が防災訓練に参加したくなる状況となることで、防災についてより学ぶ機会を増やし防災意識を向上させるということが本課題のWHYであると定義できます。

WHATの定義に向けて、ここまでの話を整理して課題をフォーマットに沿って一般化しておきます。以下のフォーマットに沿うと、

> 誰が（WHO）：先に定義した被提供者
> どのシーンで（WHEN）：対象の行動をとる状況
> どの選択肢で（WHICH）：行動の選択肢
> 何を選ぶべきか（GOAL）：取ってほしい行動

次のように課題を定義することができます。

> 学生や若年層の住民の方が、任意の防災訓練が開催されるときに、参加する / しないの選択肢のうち参加する、を選択すること

WHAT

次に、課題解決のアプローチを定義していきます。当時は原体験アナロジーを用いて原体験からのフォアキャストを試みました。たくさんの

ポジティブな感情となった原体験が出てきた中でのアイデア出しではありましたが、その当時は次の3つの原体験の共感性が高く採用されました。

1. 映画のポスターを見てワクワクして実際に映画館に観に行って感動した
2. ゲームブックを買ってもらって問題を解きながら先に進むのが面白かった
3. 高校生のときに文化祭をみんなで作り上げたのが楽しかった

それぞれ感情の一般化のプロセスを次のような流れで整理しました。

✚ 1 映画のポスターを見てワクワクして 実際に映画館に観に行って感動した

実際に映画を見たときの感動ももちろんそうですが、ポスターを見て当日までワクワクしながら待つ時間が心躍る時間であった経験でした。最初に映画を知ることになったきっかけ、そしてそれを待つ時間が楽しかったという経験を「告知の際にワクワクするポスターがあると心躍る」と一般化しました。

✚ 2 ゲームブックを買ってもらって 問題を解きながら先に進むのが面白かった

ゲームブックは、ブックという名の通り紙の単行本なのですが、マンガや小説のようにページの順に読み進めていく本ではなく、本を読み進めていくと問題などが出てきて、その問題の回答によって次に開くページ番号が指定されそのページで結果と次のシナリオが始まるといった、分岐型の本を指します。

小学生の頃にそういった謎解き本に夢中になった経験が原体験として共感されました。次がどうなるかわからないというワクワクと、問題を

正解したいという感情が最も振れ幅が大きいポイントということで、「**問題を解き進めることが楽しい**」と一般化しました。

➕ ③ 高校生のときに文化祭をみんなで作り上げたのが楽しかった

クラスメイト達とクラスや部活の出し物を何もない状態から生み出していくその過程そのものが楽しかったというポジティブな感情が喚起された経験です。出し物の内容を考える際にクラスで議論してなかなかまとまらないという少し空気が悪くなったプロセスや、やることが決まってみんなで装飾などの準備を前日の夜遅くまでやった経験など、さまざまなポイントがありました。その中で、一番感情の振れ幅が大きいポイントは、でき上がった達成感や、結果的に多くの方が来場した達成感ということもありつつも、みんなで作っていく過程そのものでした。この経験を「**みんなで共通の目標に向かって協力し合えるプロセスが楽しい**」と一般化しました。

これら3つを踏まえて、課題解決のアプローチのためにフォアキャストをしていきます。課題は「学生や若年層の住民の方が、任意の防災訓練が開催されるときに、参加する/しないの選択肢のうち参加する、を選択すること」でした。そして学生や若年層の住民の方のAS-ISは「参加の優先度が上がらず、任意の防災訓練が開催されるときに参加しない」でした。これと原体験のアナロジーを掛け合わせて考えると、**ワクワクするポスターで興味を惹き、仲間と共通の目標に向かって問題を解き進める防災訓練**であれば、被提供者のAS-ISをTO-BEにしつつ、課題を解決できるのではないかと仮説が立てられます。

課題解決に向かってすること（WHAT）のイメージが具体化してきた段階で、より具体的な実現するにあたっての方法論（HOW）を検討していきます。

HOW

✚ 一度限りの行動で目的を果たすものか継続的な行動で 目的を果たすものなのか、課題の特性を分類

　防災という括りで考えると、長期的に見れば継続的な行動によって防災意識の向上・防災知識の向上を図る、といったことが目的となります。しかし今回のWHYを踏まえると、まずは、参加優先度が上がらない学生や若年層住民の方が、任意の防災訓練に一度参加するという1つの行動でも十分目的を果たすものだと考えられます。したがって、今回は瞬間UXのアプローチで考えていきます。

　防災訓練に意志を持って参加するという観点から、無意識的についやってしまうアプローチよりも意識的についやりたくなってしまう意識的アプローチが適切だと考えられます。

✚ 具体的な体験を設計する

　物理的トリガーと心理的トリガーそれぞれで考えていきますが、WHATの段階で原体験から一般化したものがそのまま利用できます。

- ●物理的トリガー：期待　映画ポスター風の防災訓練ポスターによって何か面白そうなことが実施されそうという期待を持たせることができる。
- ●心理的トリガー：好奇心　ポスターだけでは内容が全く想像できず、どんな内容か知りたいという好奇心を刺激できる。

　ここまでのWHY-WHAT-HOWの設計プロセスを踏まえて具体的な実施内容が固まりました。ここまでまとまれば以降はHOWの部分を細かく詰めていく段階となります。今回実施した内容の詳細を改めて紹介

します。

> **WHY**
> 防災についてより学ぶ機会を増やす（防災意識の向上）目的に、学生や若年層住民が任意の防災訓練に参加するようになること
> **WHAT**
> 防災訓練に参加したくなるように、ワクワクするポスターで興味を惹き仲間と共通の目標に向かって問題を解き進める防災訓練を実施する
> **HOW**
> 映画ポスター風の防災訓練ポスターで参加を促す

という大方針がある中で以下のように組み立てました。

- 防災体験施設を実施会場とする
- ハリウッド映画のような映画風ポスターを用意
- 参加者の人たちは、暴風雨体験や地震体験を行うことで、問題（謎）が渡されてその問題を解いていく
- 問題を解いていくと最終ゴール地点がわかる
- 最終ゴール地点では避難所用テントの設営ミッションが用意されており参加者同士で協力し合って組み立てる
- 避難所用テントを組み立て終わったら最後の謎が渡されて全参加者が協力し合って問題を解く
- 正解を導くことができればクリア

　本書では割愛しますが、実際の学びとして防災意識向上のために「災害体験をすること」「避難所用テントを設営すること」が必要であったため、上記体験内容に盛り込んでいます。

避難の手引き

1. 避難所に入る鍵である4桁の数字を入手せよ
2. 避難所で各グループ毎シェルターを設営せよ
   - パーティション / 簡易ベッド・マット / 簡易トイレ
3. 全員で協力して避難所を閉めよ（鍵は1つの数字）

エンタメ型防災訓練　THE SHELTER

数字の羅列は地震の震度を表しています。震度0から震度7までの10段階を表しているため、空欄に入る数値は「6弱」を示す、6となります。

結果

　このコンセプトで作った防災訓練、後日談的に、実際にやってみてどうだったかについても紹介します。

　初めてこの防災訓練を実施した際は、初回ということもあり数十人定員で募集をしました。結果として、ポスターの狙い通りあっという間に定員は埋まり当日を迎えました。特に年齢制限などは設けず広く募集したところ、小学生を含むご家族での参加や、大学生グループの参加など、若年層を中心に参加いただけました。当日は、思惑通りに進行し最後にみんなで謎を解く段階で、頭を悩ませみんなで会話をしながら協力して解を導いていき、答えにたどり着いた瞬間に、会場は大きな拍手に包まれました。防災訓練で自発的に拍手が広がるような経験がなかったので、私自身とても感動したことを覚えています。

　その後参加者に対しアンケートを実施したところ、満足度（10点満点）は平均9.5点、身の回りの人に紹介したいか（10点満点）は平均9.2点、また参加したいと答えた方は全体の93%と非常に高い結果が得られました。

参加者の方が主体的に参加し、結果として防災意識を高め防災に必要な知識を学ぶことができた結果と言えます。その後、好評につき100人規模まで拡大した第2弾を実施し、同様の結果を得ることができました。

　「参加したくなる防災訓練」の1つの型が確立され、今ではさまざまな場面で実施をしています。

参考（習慣UXで考えてみた場合）

　実施当時は考慮していなかったのですが、もし、継続的に防災訓練に参加するようになるという習慣UXで考えた場合どうなるかについて、Iボードを使って考えてみます。

✚ 初回の利用体験の構造設計

　①きっかけ②欲求＋評価③行動④結果⑤感情の変化で1つ目の体験を考えていきます。今回のような施策で言うと認知→申し込みまでを初回の利用体験、実際の参加を2本目の利用体験と整理して考えるのが良さそうです。初回の利用体験は、瞬間UXで考えたアプローチで整理してみます。

- ① きっかけ　：街中や行政施設内でポスターを見かける
- ② 欲求＋評価：どんな防災訓練なのだろうという好奇心
- ③ 行動　　　：申し込みをする
- ④ 結果　　　：申し込みが完了する（抽選に当選すれば参加できる）
- ⑤ 感情の変化：参加できることが決まりどんな防災訓練になるかワクワク

➕ 2回目以降の利用体験である習慣UXの設計

⑤の感情の変化から②′欲求＋評価③′行動④′結果⑤′喜び①′再訪のきっかけを整理していきます。今回のケースで言うと実際の会場での利用体験で整理していきます。

②′ 欲求＋評価：全ての問題を解き明かしたいという欲求
③′ 行動　　　：ルールに従って全問正解に向けて取り組む
④′ 結果　　　：参加者全員で正解を導き出しクリアする
⑤′ 喜び　　　：防災に関する知識を学ぶことができたし何よりも楽しかった

①′ 再訪のきっかけ：再演・続編開催の案内が届く

という利用体験の整理ができます。

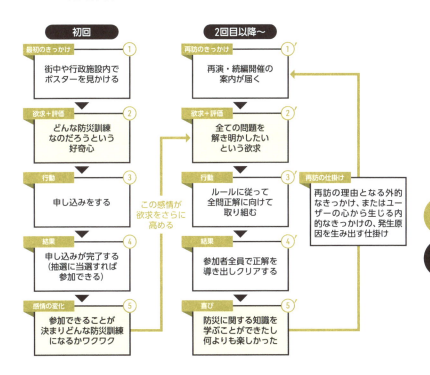

➕ ⑤′から①′につながる再訪の仕掛け

　何より楽しかったという感情から、具体的に案内が届いたときにまた参加したくなる欲求が刺激される方法論を考えていきます。こちらについては9つの欲求をベースにアイデアを考えていきます。

➕ 達成欲求

防災訓練のレベルによってアチーブメントを用意しておき、参加する度に参加したレベルのアチーブメントが手に入るアチーブメントシンボルの手法は活用できそうです。これがあれば、参加するたびにシンボルが増えていくため、進歩実感による動機づけが期待できます。

➕ 求知欲求

同じ防災訓練でも、参加者の状況によってゴールシナリオが変わるという設計にしておく、マルチシナリオの手法が活用できそうです。全く同じ防災訓練であれば何度も参加する動機は弱くなりますが、毎回異なるゴールになっていくという前提があれば、より好奇心によって動機づけがなされ、何度も参加したくなるという感情を喚起することが期待できます。

➕ 獲得欲求

実施回によって参加者の達成度に応じたアイテムが手に入るようにします。そして、そのアイテムにはレアリティの段階を設けるレアリティ定義の手法を活用します。結果として、レアリティの高いアイテムを獲得したいという希少性によって動機づけがなされる獲得欲求が喚起できます。

➕ 有能欲求

ゴールシナリオを複数用意するマルチシナリオの手法と、結果によって得られるアイテムのレアリティが異なるレアリティ定義の手法を組み合わせることでさらに効果を発揮しますが、最終ゴールにたどり着くためのルートを複数用意することで、創造性によって動機づけされる欲求

が刺激されます。複数最適解の手法は今回のようなケースだと何度も参加したくなる動機づけに効果を発揮します。

➕ 保存欲求

参加するたびにアチーブメントシンボルが手に入る達成欲求の手法との組み合わせにはなりますが、このアチーブメントシンボルに対してコンプリートという概念を用意し、全てのシンボルを集めたくなるというコレクションセットの手法は次回参加を促すという意味では効果的です。

➕ 自律欲求

今回実施した防災訓練には、なぜ訓練に参加するのかということの理由づけに、仮想的に「隕石が落ちてくるので避難しよう」という没入のための物語を用意していました。そこの特性をうまく使うのであれば、物語のつながりを意識させることで初回参加者に2回目以降も参加したくなるようなストーリーテリングや世界観の手法も活用できます。ちなみに、実際に2回目を実施した際は世界観の手法を活用し「THE SHELTER Ⅱ」と続編の見せ方とすることで、初回参加者の方に参加を促す手法を取りました。

➕ 関係欲求

アチーブメントシンボルやレアリティのあるアイテムなど獲得したものを他者と比較して、自分の位置を理解し他者を意識することによって動機づけされる、対抗心や序列化の手法は効果的であると考えられます。

➕ 回避欲求

次回開催が確実に予定されていれば、という前提にはなりますがクリ

アした際に、次回開催時優先参加券を付与し有効期限を設定することで、継続的な参加を促す時限つきチャンスの手法を用いることができると考えられます。

✚ 感性欲求

非思考的な感覚で動機づけされる欲求であるため、一度参加が終わって次回も参加したいという仕掛けをする意味では直接的な活用は難しいと考えられます。しかし、そもそもコンテンツ内容として身体を動かして避難所用テントを組み立てるという体験ではあるので、コンテンツとして感性欲求を刺激する要素が含まれています。

1回目の防災訓練の参加の楽しさから再訪のきっかけにつながる仕掛けとして、各欲求を切り口に手法を考えてみました。
例えば以下のような手法が現実的には考えられそうです。

- 参加することでアチーブメントシンボルが手に入る（達成欲求）
- アチーブメントシンボルの種類にはレアリティが存在する（獲得欲求）
- アチーブメントシンボルにはコンプリートの概念がある（保存欲求）
- アチーブメントシンボルの獲得数による参加者ランキングを見ることができる（関係欲求）

こういった手法を行うことで継続的な参加をより促していくことが期待できます。

防災意識の向上という漠然とした課題から、課題の具体化、具体的なゲームフルデザインによる解決アプローチが設計できました。ゲームフルデザインというと一見エンタテインメントの知識や経験がなければ難しそうに思えますが、プロセスに従い設計を進めれば、誰もがゲームフルに課題解決に取り組むことができます。

英語学習リズムゲーム　Risdom

　前節では、防災訓練という、オフラインに閉じたケースを1つ目のケーススタディとして紹介しました。本節ではオンラインを絡めたケースを2つ目のケーススタディとして紹介していきます。

背景

　「勉強」と聞いて、皆さんはどう感じますか。
　少なくとも私は、つらかった、大変、面白くない、などの言葉が最初に出てきます。ただ、幸いなことに、私は中学3年生の受験勉強のときにわからないことがわかるようになるという感覚を得ることができ、以降は好きではないものの嫌いでもないので、やらなければいけないのでやる、くらいには格上げされました。とはいえ、それまではとにかく勉強がつまらなく、可能であれば避けたい、やらなくて済むならやらないでいたいと思っている子供でした。ただ、避けたいと思っている一方で勉強はしなければいけない、重要なことだということは当時も認識していました。大人になった今では、勉強は将来の選択肢を諦めないための武器だということは理解していますが、子供の頃はもちろんそんな認識はしていません。ただ漠然と勉強は重要であることを認識しているものの、この勉強が将来具体的にどう役に立つのかわからず、やる気が出ない、結果、勉強をしない、そんな子供でした。
　そんな自分の認識が変わったのは、高校受験をするために勉強せざるを得ない状況となり、いやいやでも勉強をちゃんとやり始めたことが大きなきっかけでした。勉強をたくさんやる→少しずつ問題が解けるようになる→問題が解けた瞬間に嬉しいと感じる→解けなかった問題が解け

るようになる→テストの点数が上がる→嬉しい→あれ、勉強そんなに嫌じゃないかも…といった流れで少しずつ抵抗感がなくなりました。

　抵抗感がなくなる流れの中で何が一番重要だったのかと振り返ってみると、最初のプロセスが一番重要だったように思います。「きっかけは何にせよたくさんやる」これが全ての転換点だったのだろうと今では考えています。それまでは、このたくさんやるという工程を避けてきたので、結局この流れに乗れず、常に苦手意識を持ち続けていく悪循環に陥っていたのだろうと今となっては考えられます。

　2番目に大事なプロセスは「嬉しい」だったと考えています。当時を振り返ってみると、中間テストや期末テストのときは人並みに勉強していました。それこそ「たくさんやる」は一定実践していました。ただ、それでも先ほどの流れに乗れなかったのはなぜかというと、この「嬉しい」という感情＝成長実感が得られなかったことが原因だと今となっては考えられます。どういうことかというと、人間の期待値と実際のギャップが大きいことに起因しています。人間はあらゆる物事に対してどういう結果になるかを意識的・無意識かどうかは別として想定（期待）をします。これを期待値、とします。そして、実際の結果がこの期待値を上回れば嬉しい感情になりますし、下回れば悲しい感情になります。例えば、10枚中1枚だけあたりのくじを1回だけ引いてくださいというシーンがあれば、おそらく「ほとんどはずれ、たまにあたる」という想定（期待）をするでしょう。その期待値の中で実際にくじを引いたところあたりが出れば、とても嬉しいと感じるはずです。これは期待値ではほとんどあたらないと思っていたから、良い意味で裏切られているから、と言うことができます。逆に、10枚中1枚だけはずれと言われている中で引いた際にはずれを引くと、ほとんどはずれないと想定（期待）しているのに、はずれてしまったとかなりショックを受けるのではないでしょうか。このように、人間は常に想定（期待）を持ち、そこを基準に結果を評価します（詳細は、3-2の「期待値超過設定」を参照）。

　話を戻します。中間テスト、期末テストの勉強のときは成長実感が得られなくて嬉しい感情がなかった、という事象を先の期待値の例で考え

ると以下の図のようなことが起こっていると考えられます。

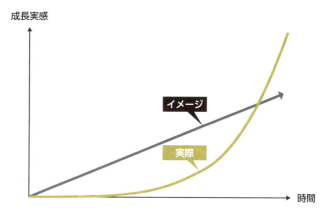

　勉強をすればするほど比例的に成長実感が得られるという期待値を持つ方が多いかと思います。しかし実際の勉強は、基礎固めをしている期間はなかなか成長実感が得られず、基礎が定着したタイミングで急激に成長実感を得られるカーブを描くと考えています。こうなると、勉強をやればそれだけ成長実感が得られると期待しているのに、実際は短期間だと遥か下の成長実感しか得られないため、期待値と結果のギャップが大きく、ガッカリ度がより大きくなってしまうと考えられます。短期戦の中間テストや期末テストでは嬉しい感情が作りにくく、長期戦である受験では、このカーブが急上昇するタイミングを感じることができ、嬉しい感情が生まれたのではないかと考えられます。

　つまり、勉強に対する苦手意識をなくすためには「たくさんやること」を通じて「期待値を超える成長実感を得ることで嬉しさを感じること」が重要だと考えることができます。

　そして多くの子供たちはこの最初の「たくさんやること」のハードルが非常に高いです。私は受験勉強に追われて結果的にたくさんやることになりましたが、大人になった今では、もっと早くからたくさんやっていればよかったのに、とも思います。当時何に夢中になっていたかと言えば、それこそ、テレビゲームでした。テレビゲームは先ほどの成長実

感のグラフの考え方で言えば人間の実際の成長曲線の真逆ともいう曲線を描きます。

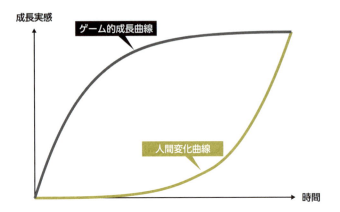

最初はどんどんクリアできて嬉しさがどんどん増えていき夢中になってしまう、そんな構造になっていました。ゲームが持つ、人を夢中にさせる力を活用するゲームフルデザインのアプローチができれば「勉強したくなり、結果的にたくさん勉強し、勉強そのものの苦手意識がなくなる」という体験が作れるのではないかと考えました。

この背景から生まれたのが、今回のケーススタディで考える、株式会社ベネッセコーポレーションと共同で開発した英語学習リズムゲーム「Risdom（リズダム）*」というアプリケーションです。

* https://risdom.benesse.co.jp/

WHY

ゲームフルデザインを活用し、具体的に体験を作っていきます*。
では、早速検討していきましょう。

* 「防災訓練」のケーススタディで流れをイメージできた方は、一度ご自身でWHY-WHAT-HOWのアプローチを試してみると実践的に理解ができるはずです。是非挑戦してみてください。

登場人物である提供者と被提供者を定義

今回のケースで登場してくる人物を定義していきます。

新規事業としての着想となるため、提供者は提供会社そのものと定義されます。

被提供者は勉強をする人となるため、小学生から大人まで幅広く対象にはなります。とはいえ少し範囲が広いので狭めていきます。詳細は割愛しますが、ビジネス的な背景から今回は主に学生（中高生）を被提供者と定義します。

提供者と被提供者のAS-IS（現状）と TO-BE（あるべき姿）を定義

提供者は提供会社となるため、提供会社のAS-ISとTO-BEを定義していきます。1人でも多くの学生が勉強に対して苦手意識を持たないようになれば、教育産業は拡大していきます。勉強しようという意識が生まれれば、そこに対して教材を購入する、塾に通うなどの需要が生まれます。一方、背景で説明したような、学習に対して苦手意識を強く持ち、勉強を能動的にしたいと思わない（優先度が上がらない）という学生も多く、国内においては少子化の加速と相まって市場規模が縮小しています。さらに言うと、情報爆発時代の加速に伴いデジタルコンテンツに触れる機会は拡大しており、時間の使い方という観点でゲームやマンガや映画などに費やす時間が拡大しているという教育市場にとってはネガティブな要素が存在します。

提供会社としては、ネガティブな要素が存在する中で勉強に対して主体的に取り組む学生が増えることが結果として収益につながるため、ここがAS-ISとTO-BEのポイントになります。

AS-ISのフォーマット

（対象物）が（状況）となっており（問題）が発生している

に沿って定義すると、

学生が学習に対して苦手意識を強く持っており、他のコンテンツ消費に時間が割かれ、能動的に勉強をすることが難しくなっており、事業収益が低下している

と定義することができます。
　そして、提供会社がどうなりたいかというと、TO-BEのフォーマットに沿うと、

（対象物）が（状況）となることで（なりたい姿）となり（便益）がある

学生が能動的に勉強をするようになることで、教育市場が拡大し、結果として収益が高まる

と定義することができます。

では、一方で被提供者である学生の視点に立つとどうなるでしょうか。
AS-ISのフォーマット

（理由）で（状況）のときに（できない/しない/できる/する）

の形で定義すると

優先度が上がらず、日々習慣的に勉強をしない

とシンプルに定義できます。ということはTO-BEは

（できる）ようになる

の形で定義すると

日々習慣的に勉強をするようになる

となります。

　背景部分で説明した、勉強を継続的に行った結果、成長実感が得られて嬉しさを得ることができ、結果として勉強に対する苦手意識が払拭できる、という部分についてはあくまで結果論であるため、まずは成長実感を得るまでの間、勉強をし続けられることが重要なポイントです。

　次に提供者と被提供者のAS-ISとTO-BEを基にWHYを定義していきます。さまざまなデジタルコンテンツがある中で学生が勉強の優先度を上げ勉強をするようになる状況を目指すことを踏まえると、**1人でも多くの学生が能動的に勉強に取り組むことができるようにする**、ということが本課題のWHYであると定義できます。

　WHATの定義に向けて、ここまでの話を整理して課題をフォーマットに沿って一般化します。

- ●誰が（WHO）：先に定義した被提供者
- ●どのシーンで（WHEN）：対象の行動をとる状況
- ●どの選択肢で（WHICH）：行動の選択肢
- ●何を選ぶべきか（GOAL）：取ってほしい行動

このフォーマットに沿うと、

> 「学生が日々の可処分時間消費選択をするとき、さまざまなコンテンツが存在する中で、勉強を選択すること」

と定義することができます。

それでは、具体的にこの行動を促せるように WHAT と HOW を考えていきます。

WHAT

原体験アナロジーを用いて課題解決のアプローチ方法を考えていきます。

「スマートフォンゲーム（スマホゲーム）を遊んでいて課金した結果、いいキャラクターを手に入れたことが嬉しかった」

という原体験をベースに考えていきます。

スマホゲームは一般的に基本無料で遊べるものが多く、気軽に遊び始めることができます*。もちろんずっとお金を払うことなく遊ぶこともできますが、もっと強くなりたい、もっと遊びたいという需要を満たすためには、労力をたくさんかけたりお金を追加で払ったりする必要がある設計となっていることが一般的です。労力や課金という負担をすることで、よりゲームを有利に進めるキャラクターやアイテムの恩恵を得られた瞬間が嬉しいポイントの1つとして考えられます。

そこから「夢中になっているものに対し、追加で労力やお金という負担をすることでより有利になることが嬉しい」と一般化します。

これを踏まえて課題解決のアプローチのためにフォアキャストをしていきます。課題は「学生が日々の可処分時間消費選択をするとき、さまざまなコンテンツが存在する中で、勉強を選択すること」でした。

そして学生の AS-IS は「優先度が上がらず、日々習慣的に勉強をしない」でした。

これと原体験の一般化をアナロジーとして掛け合わせて考えると、例

えば、

> 自分の好きなゲームに対し、勉強をすると、より有利になる

というアプローチが考えられます。スマホゲームの労力・課金という自己負担の代わりに、勉強という自分にとっては苦手であまりやりたくないことをやるという自己負担に置き換えるアプローチです。このアプローチであれば、被提供者は好きなゲームを毎日やっていく中で、より有利にゲームを進めるために勉強をすることになるので、結果的に日々勉強をしていることになります。つまり AS-IS を TO-BE にしつつ、課題を解決できる方法だと仮説が立てられます。

> ＊ スマートフォンで提供されているゲームの多くは、基本無料＋アイテム課金というビジネスモデルで提供されています。これは、ゲームをダウンロードして遊ぶこと自体は無料で、ゲームの中で使うことができるアイテムなどは一部課金によって手に入れることができるというモデルです。ずっと無料で遊ぶこともできますが、もっと強くなりたい、もっと遊びたいという感情に対して、課金によるアイテム提供という商品が用意されているモデルです。

HOW

課題解決に向かってすること（WHAT）のイメージが具体化してきた段階で、実現するにあたってのより具体的な方法論（HOW）を検討していきます。

➕ 一度限りの行動で目的を果たすものか継続的な行動で目的を果たすものなのか、課題の特性を分類

勉強を通じて成長実感を得られるようになるためには1回限りの短期行動ではなく、継続的かつ習慣的な行動が求められます。継続的に勉強をし続けることで、成長実感を得られるようになり、勉強に対する苦手意識解消につながる、という仮説でした。したがって今回は習慣UXの

アプローチで考えていきます。初回と2回目以降の利用体験を設計する
Iボードを活用して考えていきます。

初回の利用体験の構造設計

　①きっかけ②欲求＋評価③行動④結果⑤感情の変化で最初の体験を考
えていきます。WHATで定義した内容を踏まえると、このゲームは、
勉強することでゲームが有利に進められるコンテンツです。つまり、ゲー
ムをしながら学力が上がる、とも言い換えることができます。

　被提供者に対して、被提供者の定義を踏まえて「勉強しましょう」と
訴求しても行動は促されません。ただし、勉強の重要性は理解している
前提なので、ゲームで遊べることがメインで、結果学力が上がるという
訴求が効果的だと考えられます。これを踏まえると初回の利用体験は以
下のようになります。

　① きっかけ　　：ネット上で「ゲームだけど学力が上がる」訴求の広
　　　　　　　　　告を見かける
　② 欲求＋評価：遊びながら学力が上がるならお得
　③ 行動　　　　：実際にダウンロードして遊んでみる
　④ 結果　　　　：ゲーム自体が面白い、もっと強くなりたい・クリア
　　　　　　　　　したい
　⑤ 感情の変化：よりゲームで強くなりたい・クリアしたい

➕ 2回目以降の利用体験である習慣UXの設計

　⑤の感情の変化から②'欲求＋評価③'行動④'結果⑤'喜び①'再訪の
きっかけを整理していきます。今回のケースで言うと実際に勉強を行う
利用体験からスタートします。

　　②' 欲求＋評価　　：簡単な問題を解けばゲームで強くなれるならやっ
　　　　　　　　　　　　てみよう
　　③' 行動　　　　　：自分のレベルに沿った、出題される問題を解く
　　④' 結果　　　　　：問題が解けた、ゲームも強くなってクリアできた
　　⑤' 喜び　　　　　：問題も解けたし、ゲームもクリアできて嬉しい
　　①' 再訪のきっかけ：毎日ゲームをしたいときに起動する

という利用体験の整理ができます。

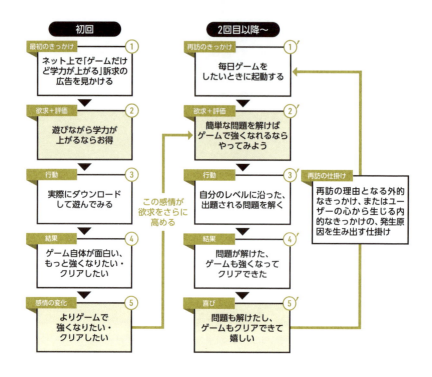

⑤′から①′につながる再訪の仕掛け

勉強の問題が解けるようになり、ゲーム自体もクリアできる嬉しさの感情から具体的にまた翌日も起動したくなる仕掛けを考えていきます。今回勉強を促すための手段としてゲームが存在するため、考えられる手法はかなり多岐にわたりますがあくまで一例として紹介していきます。

達成欲求

自己負担として行う勉強パートにおいて達成欲求を刺激していく手法

は有効です。勉強を進めていく中での進捗状況を可視化する進捗可視化の手法や、勉強の成熟度をいくつかの段階に分けてゴールを設定する段階ゴールの手法が考えられます。

➕ 求知欲求

　ゲームを進めていく中でも、常に自分の想定通りに進捗すると飽きが生まれてしまいます。そこで、偶然性と好奇心によって動機づけされる欲求を刺激していきます。例えば、ゲームを進めていく中でより強いキャラクターがいると有利に進められるという設計であれば、キャラクターを手に入れるためにランダムで結果が決まるくじ引きのような機能のミニゲーム（ランダム報酬）を用意することで再訪動機を設計できます。

➕ 獲得欲求

　ランダム報酬とセットの考え方ですが、ゲームの中で手に入るアイテムやキャラクターに対しレアリティを設定（レアリティ定義）することで希少性によって再訪の動機づけができます。また、一度ゲームを遊んだら次回遊べるまでに一定期間を設けることでその時間が来た際に起動したくなるというダウンタイムの手法も再訪の仕掛けとしては有効です。

➕ 有能欲求

　有能欲求を刺激する手法として英語の学習成果を被提供者に対して伝えるポジティブフィードバックの手法は有効です。ゲームをクリアするために勉強をするものの、その勉強の結果に対してどれくらい学習レベルが上がったかをフィードバックすることで、小さな成功体験が積み重なります。

✚ 保存欲求

　自身が勉強してきた記録を保存しておき、これまでどういう勉強をしてきたかを可視化していくヒストリー機能の手法は有効です。使えば使うほど自分専用の記録が蓄積することで愛着が湧き、継続して使いたくなる動機づけが喚起されます。

✚ 自律欲求

　勉強というテーマに、物語やストーリーは普通ありません。今回はゲームと勉強を掛け合わせているからこそ、物語やストーリーを設定するストーリーテリングや世界観の手法は有効です。勉強とは一見関係のないものですが、この手法があることによって継続的に使いたくなる、自分事化によって動機づけがなされます。

✚ 関係欲求

　自身のゲームでのクリア情報（スコアなど）をソーシャルネットワークサービスなどで紹介することができるという手法（ドヤスペース）をアプリ外も含めた体験設計として含むことで、他者の存在を意識することによって動機づけされる関係欲求を刺激することができます。

✚ 回避欲求

　毎日アプリケーションを起動するたびにアイテムがもらえるいわゆるログインボーナスの手法は継続的な再訪の仕掛けとして有効です。その上で、損失を回避することによって動機づけされる回避欲求を刺激するために、連続で起動したときにアイテムがもらえるという連続報酬の仕掛けが考えられます。また、ゲーム全般に言えることですが自身の時間をたくさん使ってゲームを遊び続けるためサンクコスト効果は高くなり

ます。そのため、これまでどれくらいの時間を使ったのかなどのこれまでの記録を伝えるサンクコスト訴求も効果的です。

感性欲求

　何度もやりたくなってしまうある意味非思考的な体験を設計することが再訪の仕掛けとなると考えられます。スマートフォンを使ったアプリケーションということで視覚的なインパクトや身体アクションは表現しにくいため、音楽を使って非思考的な感性を刺激するリズムの手法は効果的です。

　勉強をしてゲームがクリアできるようになるという初回の体験から再訪のきっかけにつながる仕掛けという意味では、ここまで各欲求を切り口に考えてきた手法を踏まえると、例えば以下のような手法が現実的には考えられそうです。

- 勉強パートで段階的なゴールを設定する（達成欲求）
- ゲームパートでより有利に進めるためのガチャの機能を導入する（求知欲求）
- キャラクターやアイテムにレアリティを設定する（獲得欲求）
- 連続ログインボーナスを用意して連続性を途切れさせたくないと思わせる手法（回避欲求）
- 中毒性の高いリズムゲームジャンルのゲームとする（感性欲求）

　こういった手法を行うことで継続的な参加をより促していくことが期待できます。

241

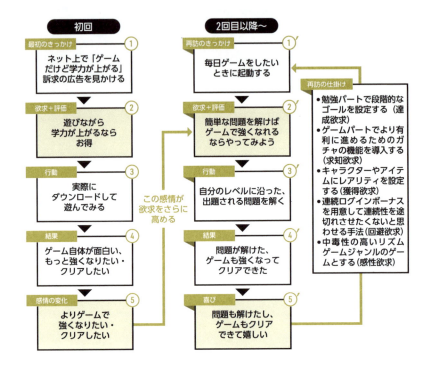

　ここまでのWHY-WHAT-HOWの設計プロセスを踏まえて、具体的な実施内容が固まりました。ここまでまとまれば以降はHOWの部分を細かく詰めていく段階となります。今回実施した内容の詳細を改めて紹介します。

WHY
学生が日々の可処分時間消費選択をするとき、さまざまなコンテンツが存在する中で、勉強を選択すること
WHAT
自分の好きなゲームに対し、勉強をすると、より有利になる体験
HOW
学習パートで勉強すると、ゲームパートで有利に進行できるという

方針のもと以下のように設計

- キャラクター選択・育成要素を入れたリズムゲーム
- キャラクターの種類や強さによってリズムゲームで高いスコアが得られる
- 学習パートで勉強をするとその量に応じてキャラクターを強化できる
- ログインボーナスを導入して毎日再訪したくなる仕掛けを入れる

本書では割愛しますが、勉強の対象科目を利用者の規模などのビジネス的な背景から英語にフォーカスしています。

結果

このコンセプトで作った「英語学習リズムゲーム」をリリースした反響や課題解決の効果について紹介します。本アプリが解決を目指していた課題（WHY）は「学生が日々の可処分時間消費選択をするとき、さまざまなコンテンツが存在する中で、勉強を選択すること」でした。初速としては大きなプロモーションを実施することなく、10万を超える利用者の方にアプリを使っていただき、多くの方が苦手意識を持つ勉強を、可処分時間の使い方の1つとして選択していただきました。今も利用者は増え続けており、ゲームフルデザインの考え方で設計されたサービスは意図通り展開されていると考えています。

また、定性アンケートを実施したところ、このアプリを使って96%の被提供者の方の学習意欲が上がったという高い評価を得られました。

さらに、実際にゲームプレイ回数と学習取り組み数に相関性があることがわかり「ゲームをすればするほど、より英語学習をするようになる」ことが実証されました。学習時間が増えれば結果的にそれは学力につながり、結果として成長実感を得ることができます。勉強の成長実感が得られないために勉強が継続できないという部分を、ゲームフルデザイン

の考え方で解決し、ゲームパートで成長実感を得ながら、勉強の成長実感を得にくいフェーズも勉強を継続していくという体験が実現できたと言えます。実際に、英検に合格した、学校のテストの点数が上がった、などの声をたくさんいただいており、勉強における成長実感につなげることができたと評価しています。

　このように、勉強をしたくない子供たちに勉強を主体的にしてもらうという、正攻法では一見難しい課題に対してもゲームフルデザインによるアプローチで一定成果を出すことが可能であると言えます。

おわりに

　誰もが一度はゲームの魔法にかけられた経験があるはずです。ゲームが持つ、人を動かし夢中にする力を、多くの方が経験として理解しています。しかし、ゲームをゲーム以外の分野に応用しようと試み、取り組み方がわからず頓挫してしまう方を私自身、たくさん見てきました。

　ゲームは、ユーザーエンゲージメントの向上、行動変容の促進、学習体験の強化など、さまざまな課題を解決する力を持っています。ゲームの力を多くの方が理解しているにもかかわらず、課題解決手段としての取り組み方がわからず実行に移せないというこの状況を、何とか打破できないかと考えていたことが本書を執筆する私自身の大きなモチベーションでした。ゲームの力は当然万能ではありません。しかし、具体的な方法論を伴った課題解決の選択肢として、多くの方に持っていただければ、正攻法では解決できないような課題に対しても、新たなアプローチを提供できると確信しています。

　本書では「やりたくなる」を生み出すゲームフルデザインの考え方について、社会背景、設計構造、具体的な設計手法とケーススタディを通じて紹介してきました。

　ゲームとゲームフルデザインが異なる概念であること、体系化された手法によって誰もが課題解決に活用できること、正攻法では解決できない課題に対しても有効に活用できる可能性について、ご理解いただけたのではないかと思います。

　多くの社会課題を抱える現代において、機能的価値による正攻法の課題解決のアプローチだけではなく、1人ひとりが「やりたくなる」という自然な気持ちで行動が変わり、結果として課題が解決されるゲームフルデザインのアプローチは、より現実の世界を豊かにします。

　是非、本書を手に取ってくださった読者の方をはじめとして、多くの方にゲームフルデザインの手法を活用いただき、ゲームフルデザインの手法が社会の中で当たり前となることを筆者として強く願っています。

謝辞

　本書執筆にあたり、多くの方に多大なご協力をいただきました。

　まずは、ゲームフルデザインを一緒に研究してきた田岡さん、野尻さん、ゲームフルデザインという概念発信にあたり、常に相談に乗ってくれた谷さん、平井さん、金子さん、杉谷さんをはじめとする、株式会社セガ エックスディーの皆さん

　ゲームフルデザインを国内で初めて企業として発信され、ゲームの可能性をともに信じる戦友としていつも相談に乗ってくれている面白法人カヤックの北川さん、泉さん、板井さん、後藤さん

　ゲームフルデザインを実際に英語学習のシーンに取り入れ、本書でもケーススタディとして紹介させていただいた「Risdom（リズダム）」チームの永田さん、石田さん、杉さん

　ゲームを起点に「やりたくなる」体験を考える際に、たくさんの学びを頂戴し、本書執筆にあたっても温かく応援してくださった「仕掛学」の大阪大学 松村先生

　ゲーム作りのノウハウを活用したアプローチをご紹介したときに、是非書籍にした方がいいと初めて言っていただき、今回の執筆の後押しをしてくださった株式会社ビービットの藤井さん

　そして最後に、初めての執筆活動で右も左もわからない私を導いてくださった担当編集の関根さん

　改めてありがとうございました。

伊藤真人

AUTHOR PROFILE

伊藤真人 いとうまなと

株式会社セガ エックスディー取締役執行役員COO
HCD-Net認定人間中心設計専門家／認定スクラムマスター®

株式会社セガにゲームプランナーとして入社し複数タイトルの
モバイルゲームディレクターを担当。新規事業部門に異動後は
アドプラットフォーム事業立ち上げディレクター／アライアンス
を担い、総ユーザー数1億超を達成。その後新規事業責任者とし
てメディア／ポイントプラットフォーム／コミュニティサービス
等の幅広いデジタルサービスの新規事業責任者を経験。2016年
8月にセガ エックスディーを設立し、現在はエクスペリエンス
デザイン事業領域を管掌。ゲーミフィケーションをコアナレッ
ジとしたCXデザイナー。

装丁・作図・組版　　宮嶋章文・鈴木愛未（朝日新聞メディアプロダクション）
編集　　　　　　　関根康浩

ゲームフルデザイン
「やりたくなる」を生み出すゲーミフィケーションの進化

2025年4月11日　初版第1刷発行

著者　　　　　伊藤 真人
発行人　　　　臼井 かおる
発行所　　　　株式会社 翔泳社（https://www.shoeisha.co.jp）
印刷・製本　　株式会社 広済堂ネクスト

©2025 Manato Ito

※本書は著作権法上の保護を受けています。本書の一部または全部について、株式会社 翔泳社から
　文書による許諾を得ずに、いかなる方法においても無断で複写、複製することは禁じられています。
※本書へのお問い合わせについては、2ページに記載の内容をお読みください。
※造本には細心の注意を払っておりますが、万一、乱丁（ページの順序違い）や落丁（ページの抜け）
　がございましたら、お取り替えいたします。03-5362-3705までご連絡ください。

ISBN978-4-7981-8591-0　　Printed in Japan